www.ingramcontent.com/pod-product-compliance
Lightning Source LLC
Chambersburg PA
CBHW030649220526
45463CB00005B/1693
* 9 7 8 1 7 1 6 8 1 1 5 8 6 *

انسان این است

انسان این است

دفتری از شعرهای
اسماعیل خویی

شعرهای اسماعیل خویی
در این چاپ‌پخش: دفتر سی و یکم
انسان این است
دفتری از شعرهای اسماعیل خویی
چاپ اول: انتشارات زاگرس آتلانتا، آمریکا، ۱۳۹۹
واژه‌نگاری: سبا خویی
طرح روی جلد: امیر محمد قاسمی زاده
صفحه‌بندی و طرح: لقمان تدین نژاد
شابک: ۹۷۸۱۷۱۶۸۱۱۵۸۶
تمامی حقوق برای نویسنده محفوظ است

به یاد برادر بزرگوارم، دکتر پرویز جان اوصیا

فهرست

برای این که بگیر دل ام!	11
زین بوده بوده بوده!	13
در زمینه‌ی داد و برابری	16
آزادی چیست؟	20
هم‌آغوشی‌ی دو«موناد»به شیوه‌ی لایب نیتز	23
امید	24
از روزنه‌ی روشنِ دید	24
و شاید در رسد روزی	25
ناشتایی با سبا	28
گورِ امام	31
حجابِ عُرفی!	32
سیلی ز می	32
این شیخِ دنی را	33
«خدا، شاه، میهن»!	34
زندانی و بازجو	35
بخشیده نبخشیده	36
چون توان جان بُردَن از کابوس؟	37
از او شده ست یکسره ایران سرای مرگ!	41
باغ(1)	44
باغ(2)	44
پروا نمی کنم ز جدل با سرانِ دین	45
چکامه‌ی داوری	47
گوسپندم مشو!	50
ای روز مرو!	51
یک سایه	51
این چه فصل است از چه سالی؟!	52
کابوس هراسی	56
نشناسم اش!	59

با دخترم	۵۹
تو چه سنجی؟!	۶۰
بلعید مرا!	۶۲
ای عشق!	۶۲
دلیلِ یقینِ من	۶۳
بگو مگو!	۶۵
چه شبی!	۶۵
زآغوشِ تو گفتم	۶۶
یاد هومن	۶۶
تلفن هراسی(۵)	۶۷
داغِ هومن	۶۹
برای ه.ا.سایه	۷۰
در این مگسک نگر!	۷۰
در شعر	۷۱
روپوشِ سیاه	۷۱
شکیب یا شتاب؟	۷۲
نای تو بوده ام	۷۳
بی زمانگی!	۷۵
شهرِ «امرِ به معروف»!	۷۷
برای نداجانِ عبقری:	۷۹
انبوهی موریانه از جنسِ ملال	۸۱
نامام	۸۳
از چیده گلی	۸۳
خودآگاهی ی ناب؟	۸۴
فردا چه بسا	۸۴
سخن گفتنِ سوسک!	۸۵
تسکین بخش	۸۵
برای ه.ا.سایه	۸۶
انسان این است!	۸۶
انتخابات در فرمانفرمایی ی آخوندی	۸۷

این کیست؟!..۸۹
در ستایشِ «ابی»...۹۰
آزمونِ غم..۹۲
هُشدار!..۹۲
از دو سوی عشق...۹۳
خودآگاهی ی ناب؟..۹۵
در پیری ی چون منی!..۹۵
چکامه ی نهادِ ولایت..۹۶
زلزله ی کرمانشاهان..۱۰۰
پاسرودی در سرودن..۱۰۳
غزلواره..۱۰۴
پیری شرری فکند...۱۰۸
مسجدها همه!..۱۰۸
فرداست که خلق اراده ای خواهد داشت.....................۱۰۹
بیداد..۱۰۹
چندین که نفورم ز تو...۱۱۰
از بینایی..۱۱۱
یادِ خمینی..۱۱۳
زیبای سالخورده ی ما..۱۱۵
چکامه ی دوزخ..۱۱۹
داغ...۱۲۳
دو پیشتاز...۱۲۳
«دانشِ جهل»!...۱۲۴
آماده شدن..۱۲۶
ستواری ی باور..۱۲۶
تنِ هومنِ من...۱۲۷
آن ماهیک..۱۲۷
آن قهقههِ خامُش!..۱۲۸
«خمینی ایرانی نیست»!؟..۱۲۸
تاریخ!...۱۲۹

شکستن	۱۲۹
از کشفِ نیوتون	۱۳۰
ناخودی	۱۳۰
رای رهایی	۱۳۱
بگذار و برو!	۱۳۱
جای شعر	۱۳۲
شعرِ ناب	۱۳۲
ای عشق!	۱۳۳
ای روشنی‌ی پگاه!	۱۳۴
روزِ آفتابی	۱۳۴
از بیم و امید	۱۳۵
ای همرهِ من!	۱۳۵
روزی	۱۳۶
قمه زن	۱۳۶
ای بی خِرَدان!	۱۳۷
جهل	۱۳۷

برای این که بگیر دل ام!

گذارِ دورِ هواپیما را
بر آسمانِ شبانگاهی
نیاز نیست ببینم.
صداش،
همین صداش بس است
که باز،
بی که بدانم چرا،
دل ام بگیرد؛
و از سبا نتوانم پنهان کنم که غمگین ام.

ـ: «چه شد دوباره؟!
مگر من کاری کردم،
یا چیزی گفتم،
پدر؟!»
ـ: «نه، دخترم!»
ـ: «پس چی؟
باز حال ات خوش نیست؟»
ـ: «نه، دخترم!

خوب ام.
مگر نگفتم:
امروز بهترم.»

و سر
به سوی پنجره بر می گردانم:
که بی خیال ام ،یعنی!
ولی سبا باز می پُرسد:
-«به چی نگاه می کنی آنجا،بابا؟!»
به خنده می گویم:
-«به هیچ!»
و در خود،از خود،می پُرسم باز
که:-«هیچ
چه گونه چیزی ست؟!»
و ساکت می مانم:
سپاسمند به دل
از این که باور می کند سبا
که،در کجایی از بیرون،من
به راستی
دارم به هیچ می نگرم؛
و می رود بیرون از اتاق ام و تنها می گذاردم با هیچ،
پدرشناس دخترِ خوش باورم!

دوازدهم شهریور۱۳۹۶،
بیدر کجای لندن

زین بوده بوده بوده!

روزی ، هر آنچه هست یکی راز بوده است:
امّا دری نهفته بر آن باز بوده است.
آینده هم ز راز نمانَد تهی، اگرچ
روزی هر آنچه هست یکی راز بوده است.
کاهد ز رازها، نه، ولی، تا رسد به هیچ:
پایان ندارد این، وَرَش آغاز بوده است.
چونین زمانه ای نرسد: زآن که، از نخست،
با منطقِ تکامل ناساز بوده است.
در بودنِ خدا وجهان، در مَثَل ، مگوی
کاوّل پرنده و، سپس، آواز بوده است.
کز عهدِ باستان، به سخن گفتن از خدای،
تمثیل، چون روش، غلط انداز بوده است.
آغازه ای برای جهان جست وجو مکن:
کاین بوده بوده بوده بی آغاز بوده است.
وَشیخ، در سخنوری از مُدّعای خویش،
استادِ این روش هم از آغاز بوده است.

عمّامه کرده شیخ سیه، تا بگویدت
کاو بوده از نخست که ممتاز بوده است.
وَ با عبا نشان دهدت کاین دروغگو
با جامه نیز مغلطه پرداز بوده است.
همبستگی ش بوده شعاری برای خلق:
در کار، لیک، تالی‌ی مقراض بوده است.
وَ هر چه گفته با دگران یا که کرده او،
انگیزه اش همیشه همان آز بوده است.
بنگر که چون به شیخ رسیدم من از خدای:
انگار کاین گذر ز دری باز بوده است!
وَ ، یکسر، این گذر به رهِ حافظ ام بَرَد:
آن کاو بدین شناخت سر افراز بوده است.
با او، ز شیخ می گذرم، می رسم به عشق:
کاین ام همیشه مقصدِ پرواز بوده است.
ای عشق! مُعجزی نشناسم ز هیچ کس
جُز تو: که هر چه کرده ای اعجاز بوده است.
این خانه را نخواسته ای؛ ورنه، بی گمان،
پیوسته بر توام درِ دل باز بوده است.
دیری ست دوری از من و بنگر که با دل ام
یادت همیشه همدم و دمساز بوده است.
یک شب نبوده کاو نربوده ست خوابِ من:
دزدی ست کاردیده که شب تاز بوده است!

وَ، تا نیازِ من بفزاید، به سوی من
یک شب اگر نیامده، از ناز بوده است!
بر من مگیر، یابی اگر زخمگین مرا:
شمشِ زرِ تو در دهنِ گاز بوده است!

دوازدهم شهریور ۱۳۹۶، بیدرکجای لندن

در زمینه ی داد و برابری

از هر دمی که می گذرد، چون که بگذری،
بودن نبودن است، به واپس چو بنگری!
«این حال هست»چون که بگویی ز هر چه حال،
«این حال بود»می شود، از آن چو بگذری!
چون ایستاده ای به کناری، به هوش باش:
که باز هم به رودِ گذشتن شناوری!
«ما می رویم با هم»و «ما ایستاده ایم»
هر یک بیانه ای ست زمعنای دیگری!
«من هم از این جهان ام و با آن روانه ام»
یعنی تویی که این همه با خویش می بری!
وصفِ دُرُستِ آنچه ببینی به چشمِ خویش
نآید ز واژه ها که بدان ها تو خوگری.
گفتارِ روزمرّه نباشد زبانِ علم:
هر وصفِ روزمرّه بُوَد وصفِ سرسری.
بر مولوی وکانت از این روی می نمود
دید وشنید گونه ای ازکوری وکری!

«این است و بس!»مباد، منا!بشنوم ز تو:
دیگر پذیر باش وفروتن به داوری.
هرگز چنان مباش که انگارنشنوی،
یا آنچنان که گویی خواهی که ننگری!
چون گویدت کسی که: ـ«من این گونه دیده ام»،
در نفیِ آنچه با تو بگوید مشو جری.
«بود»از «نمود» بازشناسی اگر تو نیز،
شاید که دیده را زشک آزاد نشمُری.
یادِ گذشته عکسِ دقیقِ گذشته نیست:
زین روی، از آن همیشه همان یادنآوری.
اصرار بر دُرُستی آنچ آوری به یاد
می داردت دچار به نوعی جفاگری.
«بر من چنین نمود»سزد گر که باشدت
آغازه ی هر آنچه بگویی به دیگری.
نه مُجتهد شو، ای من!و نه مُجتهد پذیر:
با دیگران نه انتر باش و نه انتری!
با دیگران دُرُشت مشو، سختگیر نیز:
و زنده دار سُنّتِ خواهر برادری.
اینها همه به دم زدن از«واقعیت» است
کای من! خطا کنی، گَرَش از یادِ خود بری.

امّا، به هرگُزینشِ اخلاقی ات، بُوَد
وجدان ات و خِرَد بس وبایا به یاوری.
اینجا خدا و داورِ هر کار خود تویی:
وَ بایدت نخست شک ودیرباوری.
وجدان، چو رهبرش خِرَد آید، ز بد رَمَد:
چونان که خود ز دیو به جان می رَمَد پری.
اما گُزید چون خردت اصل وارزشی،
بایاست تا که نگذری از آن به سرسری.
وَ حقّ توست گر نپذیری خلافِ آن:
زیرا تو داوری، تو، در اینجا، نه دیگری.
اما چنین حقی همگان راست؛ وآنگهی،
در حق، تو را به هیچ کسی نیست برتری.
این حقّ توست، گر نشوی باخترگرای:
ور باخترگرا ست هر آن کاوست خاوری!
امّا بد است خوانی اگر «خودفروش»شان،
یا دیگری تو را بنکوهد به خودسری.
وَ حقّ توست آوری ار نیز دینِ نو:
دینی که خود یگانه کس آن را به باوری.

حقِّ تو نیست، امّا، کشتن هر آن که را
شکّی نمایدت به مقامِ پیمبری!
اینها که گویم ات همه ناگفته روشن است:
امّا بدین بهانه مخوان شان دری وری!
کاین هم حقیقتی ست که ای بس حقیقتا
کز بس که روشن است به اندیشه نآوری!
وز این حقایق است یکی نیز این که ما
با هم برابریم همه در خِرَدوَری.
و آغازه‌ی روندی از آموزش است این
تا ز آنِ خود کنیم اصولِ برابری.
شاید به بار آید از این راه مردُمی،
پالوده ذهنِ خویش ز خودکامه پروری:
شادان ز شهروندی‌ی آزاد کِشوری،
کآزاده پروری کند و دادگُستری.

چهاردهم شهریور ۱۳۹۶،
بیدرکجای لندن

آزادی چیست؟

بسترِ رفتن ام،
که آمدن هم بوده ست،
ژرف تر چون ز ژرف می نگرم،
رود است.

من نمی دانم
که چه دستی
و چرا
در همین کی کُجا،
ونه در کی کُجای دیگری،ام
کاشته ست.
لیک،
نیک می دانم،
تا که بوده ست،
داشته ست
ریشه ام رو به ژرف تر شدن و

ساق و برگ ام
رو به برتر شدن در اوج؛
و که، امّا،
خزه ای بوده ام، به بسترِ رود؛
و هر آن جُنبشی که سرزده ست از من سرزده ست
از منی کاو، به ذات، می بوده ست،
تا که بوده ست،
سر به فرمانِ موج.

خوب،
به کُجا می رسیم از این سخنان؟
به گمان ام که می رسیم
به گمانی که
من یکی
تا هنوز
خود ندانسته ام
که آزادی چیست:
جُز همین
که، به هرکارِ خود که می نگرم،
می بینم،
همچنانی که هاله ای از غم

خود را

می تنیده ست گِردِ هر شادی،

گونه یا گونه هایی از بایستن نیز

بوده،

هر گاه وهر کجا بوده ست،

چارچوبی برای آزادی:

خواه داد است این و،

من چه می دانم،

خواه بیدادی!

پانزدهم شهریور۱۳۹۶،
بیدرکجای لندن

هم‌آغوشی‌ی دو «موناد» به شیوه‌ی لایب‌نیتز

۱

می‌پُرسی: من با چه ویا با که من‌ام؟
من آن‌که بخواهم نشوم، تا که من‌ام.
دلخواهِ من است گُم شدن در تنِ تو:
پیش آ به همین دم و همین جا که من‌ام.

۲

من من نشوم تا نرسم در تنِ تو:
ای هستنِ من پرتوی از هستنِ تو!
بر خویش مرا چنان و چندان بفشار،
تا همدم وهمجا بشوم با تنِ تو!

شانزدهم شهریور ۱۳۹۶،
بیدرکجای لندن

امید

از نو ، هردم ، به دل بکاریم آن را:
با خونِ دلِ خود، آبیاریم آن را.
زآنجا که امید زنده مان می دارد،
ما نیز سزد که زنده داریم آن را.

شانزدهم شهریورِ ۱۳۹۶،
بیدرکجای لندن

از روزنه ی روشنِ دید

از روزنه ی روشنِ دیدی که مراست،
بر آمده خورشیدِ امیدی که مراست.
هر شام دهد نویدِ آزادی و، باز،
هر بام کند تازه نویدی که مراست.

هجدهم شهریورِ ۱۳۹۶،
بیدرکجای لندن

و شاید در رسد روزی

پیشکش به نشستِ سالیانه‌ی دمکرات های سکولار

اگر روزی به کویِ ما گذارد شیخ پای اش را،
فروگیرم ز سر و ز دوش دستار وعبای اش را!
ز پا برگیرم وکوبم به سر نعلین های اش را!
به چنگ آرم گریبان وبه تن دَرّم قبای اش را!
ور این، از دیدِ انسانی، نماید کینه افشانی،
به هر جا بینم آن جانی، جَوَم با کینه نای اش را!
دروغ است و دغا، سنجیده ام گفتار و کردارش:
کنم رسوای عالم هم دروغ اش، هم دغای اش را!
جهان باشد برای او، اگر باشد به رای او:
کند افزار دین اش را، بَرَد تا پیش رای اش را!
دمِ مردُم فسای اش مرگزا بادی ست از دوزخ:
کنم از سینه اش زندان دمِ مردُم فسای اش را!
به صد طبل ونقاره، در اتاقی تنگ، چون چشم اش،
چپانم روز و شب در گوش اذانِ جان گزای اش را!

صدای اش، چون به منبر می رود، شیپورِ شیطان است:
شوم خرچنگ بر حلقوم، تا بُرّم صدای اش را!
چه می گویی، منا! این کینه افشانی ست حیوانی:
وَ کوته کرده بسیار آزمون ها ماجرای اش را!
تو هرگز اهلِ کُشتن نیستی: خشم ات ز بیماری ست،
که ش از درمان چو درمانی، نمی خواهی بقای اش را!
به رحمت گر در او بینی، شناسی جهلِ آیینی:
که ش این بیماری است و خود نداند ابتلای اش را!
گواهِ این که نادان است، کس را کاری این سان بس:
اگر در رهگذارِ سیل می سازد سرای اش را!
وَ نادانی ش کمتر نآید از کوری، اگر بینی
که در پایه ست کاو کج می نهد سنگِ بنای اش را!
وَ در جهلِ مضاعف غرقه یابی ناگزیرش، چون
خطای دید بیند از تو، گر بینی خطای اش را!
بلی، شیخ است بیمارِ ندانستن؛ ولی، شادا
که پیدا کرده باشد علم وآموزش دوای اش را!
به رغمِ دینِ پُرکینِ اش، تواند زیست با دینِ اش:
برون نگذارد او گر از گلیمِ خویش پای اش را.
گلیمِ او چه باشد؟ مسجدی دور از دبستان ها:
که در آن پاس دارد مذهبِ رو در فنای اش را!
گر از فیضیّه آرَد طالبِ دین رو به دانشگاه،
به زودی باز یابد در جهانِ زنده جای اش را.

وَ، چون از خوابِ خود در مُرده زارِ وهم برخیزد،
زند قهقاه، چون بیند به دوشِ خود عبای اش را!
وَ شاید خشم و درد و شرم اش آید، زین که می‌یابد،
به جبّاری و مکّاری، چو هر شیخی، خدای اش را!
وَ شاید، همچو ما، بیند سزاوارِ هواداری،
ز انواعِ حکومت، نوع از هر دین جدای اش را.
وگرنه، بی سوادی را چو آموزش فرو کاهد،
به رو گردانی‌ی مردُم ز خود بیند سزای اش را.
وَ شاید در رسد روزی که آن بیمارِ دیروزین
ببیند ریشه کن کرده ست دانستن وبای اش را!

هفدهم شهریور ۱۳۹۶،
بیدرکجای لندن

ناشتایی با سبا

ـ: «درود بر تو، سبا جان!»
می گویم؛
و می فزایم، خندان، که:
ـ «بامدادت خوش!»

هنوز ژولیده ست؛
و خوابِ خوبی نداشته ست، انگار!
ـ: «چه بامدادی؟
کو، پس؟!
کُجاش خوش است؟!»
می غُرّد بیزار!

ـ: «نگاه کن! همه جا تاریک است!
و، تازه، دیر می رسم، باز هم، به کار!
و، بعد، با خشمی در صداش
که، با صداخفه کن واری از اِراده،
به زور،
در گلوی خود،
آهنگ اش را پایین می آوَرَد،

این بار، می گوید:
ـ «قهوه می خواهی؟»
می گویم:ـ «آری!»
و، بعد، یعنی بی درنگ،
و مثلِ کودکِ ترسیده ای که می داند دارد خواهش بی جایی می کند،

می گویم:
ـ «البتّه چای بهتر می چسبد!»
صداش می ترکد:
ـ «چی؟!»
ـ: «چای!»
ـ: «من قهوه می خواهم!»
فریاد می زند
و می رود، لباس می پوشد، بر می گردد، می خروشد:
ـ «چرا خودت از جا بر نمی خیزی بروی چای...»
آرام و رام، حرف اش را کوتاه می کنم که:
ـ «باشد، دخترم!»

هنوز
نرفته است، ولی می دانم،
نرفته، باز پشیمان خواهد شد
از این که داد کشیده ست بر سرم!
و زنگ خواهد زد:
ـ «پدر!
الو، الو، بابا؟!»

و،بی که پوزشخواهی کند،
هر آنچه می گوید
همه به معنی ی پوزشخواهی ست:
چرا که نرمی ی گرمی ست،
باز،
در ابریشمِ صدای نوازشگرش،
که زنگ وآهنگ اش،
در پژواک،
به گوشِ جانِ پذیرای من،
همچون همیشه،
باز،
گواهی فزای هر چه گواهی ست
بر آن شکنج فراواژه ،در دلِ دردآشنای دخترک ام،
که،در نگاهِ من،
آمیزه ی گُناه
و بی گناهی ست.

هجدهم شهریور۱۳۹۶،
بیدرکجای لندن

گورِ امام

۱
هر چند که از کینه‌ی او سرشاریم،
ما گورِ امام را نگه می داریم:
تنها نه همین به کین خراب اش نکنیم،
بل، روی نیاز هم بدان می آریم:

۲
هرشهری را به شاشگاه است نیاز.
هر نسلی را به باشگاه است نیاز.
پیرانِ چو من را هم، بر گورِ امام،
به آهکده، به کاشکاه است نیاز!

نوزدهم شهریور ۱۳۹۶،
بیدرکجای لندن

حجابِ عُرفی!

هر سال یکی بهارِ گُلپوش بس است.
مردُم به شب ار شوند می نوش بس است.
زیبایی‌ی شهر را، نپوشد گر شیخ
دستار و عبا بر سر و بر دوش بس است!

نوزدهم شهریور ۱۳۹۶،
بیدرکجای لندن

سیلی ز می

این گونه که تُند بگذرند این دم ها،
ای کاش گذر کنند بر ما غم ها!
می نم نم اش از دل ام غمی را نَبَرد:
سیلی ز می این کند، نه این نم نم ها!

بیست و سوم شهریور ۱۳۹۶،
بیدرکجای لندن

این شیخِ دنی را

۱
گر رهبری‌ی زمانه با من می بود،
آخوند مرا یگانه دشمن می بود:
کاو را هم، شاید به روالِ خودِ او،
می کُشتم، ...اگر دل ام ازآهن می بود!

۲
البتّه ، نه با سر به زمین کارم من.
این شیخِ دنی را، نه می آزارم من.
وا دارم او را به سواد آموزی:
روزی اگر این توان به دست آرم من.

نوزدهم شهریور ۱۳۹۶،
بیدرکجای لندن

«خدا، شاه، میهن»!

۱
بر خاست چو ملّتی به فرمانِ خدا،
از شاه رهید و شد گروگانِ خدا!
شد دوره‌ی شاه، آمد دورانِ خدا!
زندانی‌ی شه رفت به زندانِ خدا!

۲
در کارِ سیاست، ار چه کور و کر بود،
خودکامه و خودشیفته و خودسر بود،
نانِ شبِ بندگانِ خود را نربود:
در این، به خدا، ز شیخ شه بهتر بود!

۳
رفتند خدا و شاه، میهن مانده ست:
با او، چو همیشه، شیخ دشمن مانده ست.
وز آنچه مرا مانده اگر می‌پُرسی،
داغ‌ام به دل از سعید و هومن مانده ست.

نوزدهم شهریورِ ۱۳۹۶،
بیدرکجای لندن

زندانی و بازجو

۱
کردی ش چو بازداشت، بستی دست اش؛
گشتی ش چو بازجو، شکستی دست اش؛
رفت از تو به زندانِ ابد، آن گه، تا
دیگر نرسد به هیچ دستی دست اش!

۲
همچون خس وخاشاک، چو شد پست از تو؛
او را کمر وغرور بشکست از تو؛
چندان تو شکنجه دادی او را، تا مرگ
شد یار و مددکارش و او رَست از تو!

بیستم شهریور ۱۳۹۶،
بیدرکجای لندن

بخشیده نبخشیده

۱
در سوگ، بی آن که خود سیه پوش کنید،
زآن پس که می‌یی، به یادِ ما، نوش کنید،
ما را، که نشد بریم کاری از پیش،
بخشیده نبخشیده، فراموش کنید.

۲
آغاز نکرده، رو به پایان رفتیم:
یعنی، بتوان گفت، که آیان رفتیم.
ما را چه ببخشید و چه نه، در هر حال،
نوبت به شما رسید، مایان رفتیم.

بیستم شهریور ۱۳۹۶،
بیدرکجای لندن

چون توان جانْ بُردَن از کابوس؟

پیشکش به جهانگیر جانِ صداقت فر

بامدادان بود، امّا آسمان ها تار بود:
باز خورشیدِ زمستان، گوییا، بیماربود!
سُرخ می زد آسمانِ کوهسارِ رو به رو:
تا چه خونین ماجرایی در پسِ کُهسار بود!
من، به رغمِ هر چه، می بایست تا افتم به راه:
راه چه هموار می بود و چه ناهموار بود.
می شوم خستو هم اکنون کز مجالِ اندک ام،
یا ز کمبودِ یقین، دلشوره ام بسیار بود.
پیش می رفتم به دشتی باز و دیدم، ناگهان،
سدِ راه ام گلّه ای از گرگ های هار بود.
انفجارِ تُندری در آسمان تاراندشان:
من دویدم سوی غاری؛ ورنه، کارم زار بود.
بعد کارم زار شد، با دیدنِ خرسی سیاه،
خُفته در کُنجی، گمان دارم کُنام اش غار بود.

خواستم بگریزم؛ امّا، جُفتِ او، بیرون ز غار،
ایستاده بی تکان، چون صخره ای ستوار، بود.
در دهانِ خون تراوِ خویش، چیزی می جَوید
و، به یک بازوش، زخمی داشت کآن خونبار بود.
درد بود از زخمِ بازوی اش وَ یا خشم اش زمن؟
هر چه بود، او را نگه چون عقربی جرّار بود.
قصدِ جان ام داشت؛ امّا بی که خود داند چرا:
کاو به طینت بود اگر از چون منی بیزار بود.
غارِ اکنون گشته زندانِ من از خود در نداشت:
رو به روی ام، لیکن، آن دیوِ سیه دیوار بود.
ایستاده مانده بودم دیرگاهی همچنان:
تا دمی کآن از رسیدن، مرگ وَش، ناچار بود.
ناگهان، دیدم، به راه افتاد دیوارِ سترگ:
چون زمان، هر چند، سنگین گام در رفتار بود.
پیشتر می آمد او، همگام با پسرفتِ من:
تا به خرسِ خُفته، ناگه، پیکرم آوار بود.
با نخستین زخمِ دندان شان به من، دیدم که چون
خرس هم، مانندِ گرگ، آدمکُشی خونخوار بود.
یافتم این هر دوان را، در ددی، مانندِ هم:
گر تفاوت بودشان، در شیوه وهنجار بود.

هر یکی از خرس ها، بر هریکی از چنگ هاش،
ناخُنی می داشت کآن چون نیشی از یک مار بود.
نیز هر دندان شان، چون در تنِ من می نشست،
راست پنداری نُکِ شمشیرِ یک تاتار بود.
دیر برگشتم، ببخشای، ار هراسان بوده ای:
جان به در بُردن از آنان بی گمان دشوار بود.
بوده بودم بارها، زین پیش، روباروی مرگ:
بدتر از هر بار، امّا، بی گمان، این بار بود.
بود از این سان کآمدم این گونه زخم آگین ودیر:
با همه حزم وشتابی که مرا در کار بود.
چندمین خان بود این کز آن ببایستم گذشت؟
هیچ یک آیا چنین زآزارها سرشاربود؟
خواهم آیا داشت گاهی هم به راه آسایشی؟
کآنچه من تا این زمان دیدم همه آزار بود!
از که می پرسیدم آیا؟! با که می گفتم سخن؟!
با دلِ خود؟! یا مرا روی سخن با یار بود؟!
گفت: ـ«باباجان! نمی فهمم چه می گویی به من!»
تار می دیدم : هنوزم مغز ناهشیار بود.
چهره کم کم کمترک ناآشنای ام می نمود:
این سبولی بود یا نه؟آه، بود! انگار بود!

من پرانده بودم اش ، باهای وهوی خود، ز خواب؟
یا، هنوز، آن وقتِ شب هم، دخترم بیدار بود؟
و چرا؟! این را نپُرسیدم: چو می دانستم او
هم، به دل، چون من، شکنج ورنج را انبار بود:
وآن هم انباری به گُنجای جهنّم ، کاندر آن
هر شکنجی تالی‌ی خود را شکنج افزار بود؛
و، به هر کُنجی ش، از سوزِ دل، از داغی دگر،
آتش افشانی گدازان روز وشب در کار بود.
زندگانی مان، تو پنداری، روندی رو به مرگ
از شکنجی، همچو دم، پیوسته در تکرار بود.
تُخمِ گل در خاکِ خود می کاشتیم؛ آخر، چرا
آنچه بر می آمد از آن بوته بوته خار بود؟!
من در این اندیشه ها بودم، که دیدم، باز هم،
بامدادان بود؛ امّا آسمان ها تار بود!

بیستم شهریور ۱۳۹۶،
بیدرکجای لندن

از او شده ست یکسره ایران سرای مرگ!

پروا نمی کند کسی از بانگِ نایِ مرگ:
گوشِ جهان پُر است دگر از صدای مرگ!
شاید به چشم نآیدمان روی او؛ ولی،
در هر گذر، به چشم خورد جای پای مرگ!
آثارِ دیگری ش که بینی، چو کُشتگان،
باشد ز هرکه پیش بَرَد کارهای مرگ:
همچون اسد، چو خامنه ای، چون خمینی و
ویروس های شومِ دگر از وبای مرگ!
آمد اسد نخست با یادم؛ ولیکن او
نَبوَد یگانه پیروِ کشور گشای مرگ.
شه را زتختِ خویش خمینی فرو کشید:
تا خود، به نامِ دین، بشود پادشای مرگ!
دیدی که چون نمود، به کُشتارِ ۶۷،
خود را بزرگ کارگزارِ خدای مرگ!
برعکسِ اوست خامنه ای، در فروتنی،
کاو نیز جانشینِ خدا شد برای مرگ!

عنوانِ «رهبری»، به خراسان، «گداعلی»ست:
زیرا که روضه خوان نَبُوَد جُز گدای مرگ!
واکنون، که«رهبرِ همه ی مسلمین»شده ست،
کاری نمی کند به جهان جُز به رای مرگ!
در کارِ پیش بُردنِ اسلام با جهاد،
بر مسلمین ولی ست، ولی با ولای مرگ.
گیرد جهان، بمیرد اگر مرگ، جشن ها:
امّا فقیه ضجه زند در عزای مرگ!
دانی چراست دشمنِ دانستن این جهول؟
ترسد از این که علم بیابد دوای مرگ!
از مرگ نیز پیرتراست و نمیرد او:
این پیرِ کهنه راه رَوَد با عصای مرگ!
موسای مسلمینِ جهان است: چون به کف
باشد عصای مُعجزه اش اژدهای مرگ!
مرگ است زنده از نَفَسِ مرگزای او:
روزی که نوعِ شیخ برافتد چه؟وای مرگ!
ـ: «بی رنجِ کار تا که کند زندگی فقیه!»
پُرسی اگر، برای حضورش، چرای مرگ!
او را شبانِ اُمّتِ خود بشمرند، از آنک
پیوسته گلّه گلّه کندشان فدای مرگ!

اسماعیل خویی

دانی چرا سراسرِ ایران سرای اوست؟
چون زو شده ست سر به سر ایران سرای مرگ!
با این همه، شگفت می آید مرا که چون،
با زور و زر که بُرد و بَرَد از عطای مرگ،
این گونه، پُرهراس تر از برّه آهویی
کز شیر می رمد، رمد او از لقای مرگ؟!
آخر، ولی، به خدمتِ او نیز می رساد:
شک ناروا بُوَد ، به یقین ، در وفای مرگ!

بیست و یکم شهریور ۱۳۹۶،
بیدرکجای لندن

باغ (۱)

باغی ست و من در آن روان با خویش ام.
بینم گُلی و به چیدن اش اندیشم.
پیش آیم و دست می برم سوی اش و...آخ!
زنبور نبود : خارِ او زد نیش ام!

بیست و دوم شهریور ۱۳۹۶،
بیدرکجای لندن

باغ (۲)

باغی ست و من در آن روان با خویش ام.
بینم گُلی و به چیدن اش اندیشم.
پیش آیم و دست می برم سوی اش و...نه!
آنک گلِ دلرُباتری در پیش ام!

بیست و دوم شهریور ۱۳۹۶،
بیدرکجای لندن

پروا نمی کنم ز جدل با سرانِ دین

هرگز کسی به «عالمِ بالا» نمی رسد:
جایی که جای نیست کس آنجا نمی رسد!
شیخا! به زورمان سوی آنجا چه می کشی؟!
آنجا نمی رسد کسی، آقا! نمی رسد!
جایی که نیست هیچ در آن نارسیدنی ست:
کس، جُزکه در خیال، به هیچا نمی رسد.
عنقا و قاف مرغی و کوهی خیالی است:
البتّه کس به قاف و به عنقا نمی رسد.
بایاست تا به اصلِ مُعمّا شک آوری:
گر هیچ کس به حلّ مُعمّا نمی رسد.
بایاست بنگری که چه می پُرسی و چرا:
هر پُرسشی به پاسخِ بایا نمی رسد.
گیتی مسافری ست به راهی بی انتها:
پیوسته پیش می رود، امّا نمی رسد!
دریای بی کرانه چو در خود روانه است،
هرگز مگر به خویش، به دریا، نمی رسد.

موج است آن که سوی کرانی رَوَد به پیش:
امّا به جاست هستنِ او، تا نمی رسد.
گر کشتی ات شکست، دو دل بودن ات به جاست:
کاو بر کرانه باز رسد یا نمی رسد.
بی شک، خطای کرده دگر باره می کند
آن گول کاو گذشته ی خود وا نمی رسد.
تا خود نشسته ای و خیال ات رَوَد به راه،
سر می رسد به مقصدت و پا نمی رسد!
پروا نمی کنم ز جدل با سرانِ دین:
زورِ صدام گر چه به غوغا نمی رسد!
مانم بلند گوی حق و داد و راستی:
حالی وگر به گوشِ کس آوا نمی رسد.
آیندگان خود این همه یابند آشکار:
گیرم به عصرشان تنی از ما نمی رسد.
من سرخوش از جهان بروم، مست از این یقین
کاین جهلِ دین سرشت به آنها نمی رسد.

بیست و چهارم شهریور ۱۳۹۶،
بیدرکجای لندن

چکامه‌ی داوری

ای من! تو را ز مهر گروهی گزین کنند؛
دیگر گروه داوری از روی کین کنند.
نفرین کنند برخی ات از بهرِ گفته ای،
که ت دیگران برای همان آفرین کنند!
بایاست تا به بی طرفی شان شک آوریم:
چون داوری به مهر و یا کین عجین کنند.
بیگانه وارگی ست مِهین شرطِ داوری:
یاران ندیده ام که تلاشی در این کنند.
سنجیدنِ سخن هنری دادگاهی است:
کان را سزد که دور ز مهر و زکین کنند.
و می شود چنین شود و، تا چنین شود،
جمعی سزنده را که، چو داور، گُزین کنند،
باید نخست نیک بدانند کامده
وآماده اند جمله که کاری ثمین کنند:
وز خود کنند بینشِ بیگانه وارگی،
وآن بر تمامِ عاطفه ها جانشین کنند:

کاین شان توان دهد که، به هر گونه داوری،
دشمن به دوست، گر که بباید، گزین کنند.
وین شان دهد توان که نه هرگز نظر به جنس
یا در زبان و یا که به رنگ وبه دین کنند؛
وین شان دهد توان که ، به خونسردی و شکیب،
هر دیده را، بباید اگر، بازبین کنند.
تنها نه در سخن ، که، به هرگونه داوری،
در دادگاهِ خویش، سزد تا چنین کنند.
امّا، منا! مرا سخن اکنون ز داوری ست:
زآن سان که دوستانِ تو با همنشین کنند؛
یا دشمنانی از تو، که، با تیرهای لفظ،
گویی، کمان کشیده، به راه ات کمین کنند!
اینان کنند سرکه نما انگبینِ تو؛
وآنان ز سرکه های تو نیز انگبین کنند!
آنان هنر تراشند از عیب های تو؛
وینان فقط عیوبِ تو را دست چین کنند!
اینان کنند زیرِ زمین آرزو تو را؛
وآنان تو را یگانه ی روی زمین کنند!
نآورده اند هیچ یک از این دو دسته هیچ
آموزه ای مرا، که به خویش ام رهین کنند.
باغِ شکفته را زچه بینند هرزه زار؟!
از هرزه هاش باید، اگر چه، وجین کنند.

این هر دو دسته برزخِ ما را، به ناروا،
دوزخ کنند، یا که بهشتِ برین کنند!
شادا منا! که دوست ودشمن ، به داوری،
درمن اثر، نه کم، که کم از کمترین کنند.
وین دلخوشی م بیش ز بس، تا که زنده ام،
کآیندگان مرا به سخن آفرین کنند.
پستر ز مرگ هم، چو نباشم، نمی شود
تا مردُم ام به یاد نکردن غمین کنند.
من می خورم به شادیی ایشان: سزد مرا،
در سوگِ من، اگر همه یاران همین کنند!

بیست و چهارم شهریور ۱۳۹۶،
بیدرکجای لندن

گوسپندم مشو!

از صمیمِ دل ات اگر بوده ست
این که با دیگران
گفته ای شاعرِ بزرگِ توام،
پس، دمی
همه تن گوش باش،
وز دل و جان به هوش باش:
گوسپندم مشو!
ورنه، خواهی دید
که شبان ات نه، بل، که گُرگِ توام!

بیست و پنجم شهریور ۱۳۹۶،
بیدرکجای لندن

ای روز مرو!

روزی چو به صد رنج به سر می آید،
نا خوش تر از آن روزِ دگر می آید.
ای روزمرو! که، چون روی، می دانم
روزی ز تو نیز هم بتر می آید!

بیست و پنجم شهریور ۱۳۹۶،
بیدرکجای لندن

یک سایه

یک سایه نشسته رو به روی دیوار؛
یک سایه روان است به سوی دیوار؛
وَ سایه سوّمین، که آن هر دو هم اوست.
دنبالِ خود است تو به توی دیوار!

دوم مهرماه ۱۳۹۶،
بیدرکجای لندن

این چه فصل است از چه سالی؟!

«با این تیمار، اندکی شادی باید!»

آرزوها یک به یک، چون لاله، پرپر می شود:
بارشان بر دوش دل کم کم سَبُک تر می شود.
این چه فصل است از چه سالی از چه قرنی، کاندر آن
فرودین بهمن شود، خرداد آذر می شود؟!
خشک وتر را بهمن اش بهمن فرود آرَد به سر؛
وآذرش سوزنده ی هر خشک و هر تر می شود؟!
باد و توفان خاک بر سر می فشانَد خاک را؛
وهمه هر خاک زی زو خاک بر سر می شود؟!
نم نمِ باران نسازد حالِ مستان خوش؛ ولی
بامِ هاجر گورش از بارانِ جرجر می شود.
ره نیابد هرگز آوازِ قناری در دلی؛
زآن که از غوغای قاری گوش ها کر می شود.
ماه رو می گیرد از خورشید و این تاجِ فلک
رنگِ شب می‌یابد و دستارِ رهبر می شود.

اختران، چون شبچراغِ عشقبازی بوده اند،
شرع خامُش می کندشان، شب بی اختر می شود.
و، به دریا، آب دشمن می شود با ماهیان؛
و بر امواج اش لشِ ماهی شناور می شود.
شرع جای عُرف گیرد، شیخ جای شرع را:
سنجه دیگر گردد و سنجنده دیگر می شود.
هر که اصغر بود، در این فصل، اکبر گردد و
هر که اکبر بود، نزدِ شاه، اصغر می شود.
ناتوان تر می شود از بچّه موشی شرزه پیل؛
می نماید موش پیل، از بس تنآور می شود.
در نبودِ شادی و گُستردنِ مکر ودروغ،
زندگی خالی ز شور امّا پُر از شر می شود.
دادخواه آید، به قانون، جانی از جان باخته؛
نیز غارتگر به غارت دیده داور می شود.
در مساواتِ الهی، شاه می گردد گدا؛
و، به ناداری، گدا با او برابر می شود:
جز گدایی کاو ز کشور می رمانَد شاه را:
و خود او را جانشین در کاخ مرمر می شود!
زُبده ی فرزانگان را جا شود زندان و گور؛
خود سرِ دیوانه ای شهشیخِ کشور می شود.
می شود میگو نهنگان را شنا آموزگار؛
پشّه عنقا را به سوی قاف رهبر می شود.

فرطِ خودکامی نگر! شیخانشهِ خودکامِ ما
دیگرِ خودکامگان را نیز یاور می شود!
مردمِ بی چیزِ ما را می گذارد گرسنه؛
وآنگهی، با نان شان، بیگانه پرور می شود!
گوییا بیداد بر ما کردن او را نیست بس:
در همه سوی جهان بیدادگُستر می شود!
واژه ها یابند هر یک کاربردی ضدِ خویش:
«دادگر» عنوانِ بی چونِ ستمگر می شود.
خصمِ ما و یاورِ بیگانگان گردد سپاه؛
جانیِ غارتگری سردارِ لشگر می شود.
بر شود از نردبامِ دزدی و آدمکشی:
گر به بامِ نام وکامی ناکسی بر می شود.
گر خِرَد ، در اُمّت اش ، زافسونِ دین، در خواب نیست،
از چه رو، هرچ اش که گوید شیخ باور می شود؟!
«مرجعِ تقلید» یعنی این که هر دین باوری
انتریِ خود می‌یابد، وآن گه انتر می شود!
بس شگفت ام نآید ار بینم خری آدم شده ست:
لیک، خشک ام می زند، چون آدمی خر می شود!
ـ: «بد مگو از مردُم!» این آن گویدم کاو، بی گمان،
چون فزاید جهلِ ما، سودش فزون تر می شود.
دم زدن از جهلِ مردم ناسزا گفتن مگیر:
دردِ خود بدتر کند هر کاو نهانگر می شود.

می کِشد تقلید، در انسان، به تعطیلِ خِرَد:
گر که انتر نیست کس، تا چند منتر می شود؟!
خر شدن یعنی سواری دادنِ خاموش ورام:
گر چه خر هم دردِ خود گویا به عرعر می شود!
کم بجو در جمعِ فاسد فردِ پاک از هر فساد:
هیچ بُزِ ناگر نمانَد، گلّه چون گر می شود.
من هنر آموزِ با تیمار شادی کردن ام:
از لبی می، شادی ام هر شب مکرّر می شود.
حیف کاین شادی نپاید: چون به زودی، نیمه مست،
منگی ام انگیزه ی رفتن به بستر می شود.
خواب هم، کابوس اگر آرام بگذارد مرا،
چون سر آید، چشم بگشودن غم آور می شود.
گریه خند آید مرا از حال و روزِ خود، ببین:
می زنم لبخند، امّا چشمِ من تر می شود.
خوشدل ام تنها ز رفتن در سَبُک باری به گور:
لاله لاله آرزوهای ام چو پرپر می شود.
من نباشم هم، زمان دیگر کند هر فصل را:
زنده مان، اُمّیدِ من! این فصل هم سر می شود.

بیست و ششم شهریور ۱۳۹۶،
بیدرکجای لندن

کابوس هراسی

ناتوانی گاه روزت هم به بستر می کِشد:
چون که می خوابی، تو را کابوس در بر می کِشد.
در جوانی، پیکرت جانِ تو را دارد به دوش؛
گاهِ پیری، جانِ تو را باشد که پیکر می کِشد.
جانِ تو چون ناتوان گشته ست از این بارِ گران،
ناتوانی گاه روزت هم به بستر می کِشد.
تا ببیند پیری ی تو کارِ خود را می کند،
مرگ هم، بیگاه و گاه، از روزن ات سر می کِشد.
پیری ات آرَد عصا، کآن نیز گردد اژدها:
وَ به کامِ خود تو را کم کم فروتر می کِشد.
در درونِ اژدها، داری ددِ خونخواره ای،
کاو رگ ات را می گشاید، خونِ تو سر می کِشد.
نوشد از خونِ تو چندان تا بمانی بی رمق:
وآن گه ات خوابی سیه در قیرِ خود در می کِشد.
قیر ناگه می گُدازد ز انفجاری بی صدا:
وز خود، آن گه، شعله ها، همرنگِ خون، بر می کِشد.

داغ های کهنه بازت تازه می گردد به دل:
هر یکی دیوی شود کآن بر تو خنجر می کِشد.
ناگزیری با یکایک شان گلاویز آیی و
این همه رنج ات دمار از جان و تن بر می کِشد.
پس، تو گویی چند قرنی بگذرد تا، عاقبت،
این شکنجِ جانگزا کارش به محشر می کِشد.
محشرت، امّا، چه باشد؟ سر بر آوردن ز خواب:
همچو خورشیدی که دارد سر ز خاور می کِشد.
وَ چه خورشیدی! سرِ نقش آوران زرنگار:
کز یکایک شان همیشه نقش بهتر می کِشد.
وز نبوغ اش بس همین کاو با قلم موی اش، فروغ،
شاهکاری بر لکِ ابری شناور می کِشد:
کز فسون اش رَسته از هرباوری هم چون تورا
بر خداوندی ش تا ژرفوجِ* باور می کِشد.
وَ تو بازآیی به آرامش، چو شادان بنگری،
مُرغِ وحشت را که دارد از دل ات پر می کِشد.
حیف، امّا، کاینچنین کاین ابر پوشد آسمان،
بارشِ نم نم به سیلی وحشت آور می کِشد.
بد شود روزت بدین سان: بدترین اش این که، باز،
شب شود امروزت و کارت به بستر می کِشد.

بدتر از این بدترین هم این که امشب نیز، باز،
چون بَرَد خواب ات، تو را کابوس در بر می کِشد.
نه، نه، امّا، نه! چنین بدبین چرا باشی، منا!
ترسِ شر شاید که ما را تا خودِ شر می کِشد.
شاید امشب خواب ات آرام آوَرَد ، با این امید:
کز افق خورشید فردا باز سر بر می کِشد:
طُرفه خورشیدی که خوش ، بر«لوحِ سیمینِ»سحر،**
نقشِ روزی شاد را با خامه ی زر می کِشد.

بیست و هفتم شهریور۱۳۹۶ ،
بیدرکجای لندن

*ژرف ـ اوج
**سعدی یاد باد!

نشناسم اش!

هر سو که رَوَم، نهفته گوید که: ـ«بایست!
این راهِ تو نیست، بشنو! این راهِ تو نیست.»
نشناسم اش و همیشه همراهِ من است:
این سایه ی کیست؟، آه، این سایه ی کیست؟!

بیست و هفتم شهریور ۱۳۹۶،
بیدرکجای لندن

با دخترم

باید که تو ـ دخترم!ـ زنی آموزی:
تنها نه همین فروتنی آموزی:
تا دیده شوی، به هر کجا گام نهی،
بیش از همه ، باید که منی آموزی.

بیست و هشتم شهریور ۱۳۹۶،
بیدرکجای لندن

تو چه سنجی؟!

این جهان هست، زآن که در شدن است:
من چُنوی ام و یا که او چو من است؟
شرم بر تو، منا! چه می گویی؟
خود ندانی چه ها در این سخن است؟!
تو چه سنجی؟ که هر چه باشی تو،
اوت پرورد و اوت ریشه کن است.
جنگل و هر چه ها که او زاید
کم ز تیغی علف در این چمن است.
ذرّه کی گوید او چو خورشید است؟
کوچک اش بهرِ این سخن دهن است!
تازه، خورشید هم، کم از شبتاب،
شمعَکی در کجای این لگن است.
پشّه پرّد به سایه ی سیمرغ:
و گماند که خود چُنو گشن است.
خود گشن بین شدی تو باز وجهان
دیده ای خود چه سان گشن شکن است.
لاف کم زن: که، از پلشتیِ لاف،
بو که می آید از دهانِ عفن است.

خویش را با جهان قیاس کنی!
وین ز مردی ست: مرد لاف زن است!
کُهنی تو به کمتر از سده ای:
وین جهان، راست چون زمان، کهن است.
اوست زاینده، مرد! لاف مزن:
که در این هم، کس ار چُنوست، زن است.
از جهانی تو؛ وز هر آنچه در اوست،
خُرده مستوره ای تو را به تن است.
وَ بدو باز گردد این همه نیز،
تنِ تو چون به گور و در کفن است:
بی نیازی بدین که بر درّند
کفن ات را، که بر تو پیرهن است؛
زآن که پیراهنِ تو هم، در گور،
طعمه ی برخوران ات از بدن است:
کرم و ویروس و هر دگرکاو را
لاشه مهمان سرای زیستن است؛
وَ جهان را ز گند پالودن
هنرِ اوست یا که ویژه فن است.
وَ سرانجام، ذرّه ذرّه ی تو
در کفِ باد، این جهان وطن، است.
وَ جهانی شوی به تن، زین راه:
وین جهانی شدن جهان شدن است.

بیست و نهم شهریور ۱۳۹۶، بیدرکجای لندن

بلعید مرا!

بلعید همینکه مارمولک مگسی،
در چشمِ من، این جهان سیه گشت بسی:
انگار که مرگ آمد و بلعید مرا،
بی آن که خبردار شود هیچ کسی!

سی ام شهریور ۱۳۹۶،
بیدرکجای لندن

ای عشق!

ای عشق! که گفت ات که ز من یاد مکن؟!
یا کاین دلِ من، با غمِ خود، شاد مکن؟!
آزادی ام از تو سخت تنها کندم:
آزاد مکن ز خویش ام، آزاد مکن!

دوم مهرماه ۱۳۹۶،
بیدرکجای لندن

دلیلِ یقینِ من

ای در جهانِ شک زده تنها یقینِ من!
ناز ار کنی، به جان بخرم، نازنینِ من!
من می پرستم این همه زیبایی‌ی تو را:
زآیینِ من بپُرسی اگر، یا ز دینِ من!
دشمن گزندی ام نرسانَد به جان وتن:
چون در پناهِ توست هم آن وهم اینِ من.
آغوش ات آوَرَد همه گون ایمنی مرا:
آری، تو هم امانِ منی، هم امینِ من.
ابله نی ام که یادِ بهشتِ دگر کنم:
تا خود تویی، به دوزخِ من، همنشینِ من.
با دشمن ام بگو که ز تیرش من ایمن ام:
مانَد، کمان کشیده، عبث در کمینِ من.
تا، چون تو، نیز من بشناسم یگانه اش،
این بس که پرورید تو را سرزمینِ من.
بس بیشتر ز تک تکِ یارانِ من تویی
شایسته ی درودِ من و آفرینِ من.

دارم یقین که دوست توان داشتن هنوز:
ای عشقِ بی غشِ تو دلیلِ یقینِ من!

اول مهرماه ۱۳۹۶، بیدرکجای لندن

بگو مگو!

ـ: «گفتم که نمی شوم من آبستنِ تو!»
ـ: «دارم شکِ بسیار به دانستنِ تو!»
با خشمِ وی این بگومگو پایان یافت:
ـ: «من هم پُرم از شک به توانستنِ تو!»

اول مهرماه ۱۳۹۶،
بیدرکجای لندن

چه شبی!

شب بود، ولی چه گونه گویم چه شبی؟!
پیرانه سر، آن شب شده بودم عَزَبی!
چون دلبرَکی نهاده بود، از سرِ شب
لب بر لب ام و به که نپرسی چه لبی!

سوم مهرماه ۱۳۹۶،
بیدرکجای لندن

ز آغوشِ تو گفتم

ز آغوشِ تو گفتم که جوان برخیزم؛
واکنون سحر است وناتوان برخیزم!
تا باز شبی عشق بورزم با تو،
باید که نخست از سرِ جان برخیزم!

چهارم مهرماه ۱۳۹۶،
بیدرکجای لندن

یادِ هومن

می شمعِ خودآگهی م خاموش کند:
تا داغِ تو را دل ام فراموش کند.
امشب، طلبم ز می سیه مستی را:
چندان که مرا، چو مرگ، بیهوش کند.

بیست و هشتم شهریور ۱۳۹۶،
بیدرکجای لندن

تلفن هراسی(۵)

بارِ دگر به جمعه رسیدیم و...وای من!
یادِ تو می کند دلکِ بی نوای من!
خواهد ز من به مویه که زنگی زنم به تو:
وین کوه کندن است، توگویی، برای من!
وین راکه این تلاش گران می نمایدم،
می داند او ز پیش و نپُرسد چرای من.
می داند او که، تا شنوم من صدای تو،
از التهاب و شور، بمیرد صدای من!
یا، با شنیدن از تو یکی واژه، پرکشند،
از لانه ی زبان، همگی واژه های من.
گوشی می افتد از کف ام و شوق وشرمِ لال
گیرد به مرگلرزه ز سر تا به پای من.
خامُش نگشته گوشی و آرَد ندای تو؛
امّا به گوشِ تو نرسانَد ندای من.
و با «الو، الو!»، که می آید به گوش، باز
گُر گیرد از تو دوزخِ بیدرکُجای من.

باری، گذشت جمعه‌ی پیشین چنین و...آه،
بارِ دگر به جمعه رسیدیم و... وای من!

سوم مهرماه۱۳۹۶،
بیدرکجای لندن

داغِ هومن

۱

هر کارِ خود، امشب، چو شبِ دوش کنم:
تا مست شوم، نخست، می نوش کنم؛
وآن‌گاه، شوم غرق به خوابی تاریک:
تا داغِ تو را مگر فراموش کنم!

۲

هر شب، چو چراغِ برق خاموش کنم،
شب را ز غمِ خویش سیه پوش کنم.
گویند فراموشی ات آرَد پیری:
وای ار که تو را نیز فراموش کنم!

سوم مهرماه ۱۳۹۶،
بیدرکجای لندن

برای ه.ا.سایه

از عشق به شعرِ ناب شاید برسم.
از تشنگی ام به آب شاید برسم.
از سایه به جان فروتنی آموزم:
چون سایه، به آفتاب شاید برسم.

سوم مهرماه۱۳۹۶،
بیدرکجای لندن

در این مگسک نگر!

در این مگسک نگر که چون می پوید!
یک وعده خوراکِ خویش را می جوید!
می یابَد و می خورَد خوش از سفره ی من:
وآن گه دهن وچهره ی خود می شوید!

چهارم مهرماه۱۳۹۶،
بیدرکجای لندن

در شعر

در شعر، اگر شاعرِ دیگر نشوم،
زین هر چه، که «من» شده ست، بهتر نشوم.
آن دُرِّ نجُسته را نیابم هرگز:
در ژرفه‌ی تاریک فروگر نشوم.

چهارم مهرماه ۱۳۹۶،
بیدرکجای لندن

روپوشِ سیاه

ابر آمد و در فضا شناور گردید:
روپوشِ سیاهِ هر چه اختر گردید.
فرداش مکن گواهِ باریدنِ او:
از شبنم اگر گونه‌ی گل تر گردید.

نهم مهرماه ۱۳۹۶،
بیدرکجای لندن

شکیب یا شتاب؟

۱
در ابر، بر آسمان، ز خاک ار نگری،
دانی که ز خورشید چرا بر نخوری.
باید چه کنی؟ صبر کنی تا گذرد؟
یا بر بپری(و)ابرِ سیه را بدری؟!

۲
خفته ست به گاهواره اش دخترِ او؛
بیند که یکی مار خزد در برِ او:
باید چه کند مرد؟ بخشکد بر جای؟!
یا دور کند ز نیش و سَمِ پیکرِ او؟

۳
نک پاسخِ تو: نظر چو در ابر کنی،
آن به که به جانشینی و صبر کنی.
با مار، ولی، باید یا بشتابی،
یا فکرِ سم و مرگ و غم و قبر کنی!

چهارم مهرماهِ ۱۳۹۶،
بیدرکجای لندن

نای تو بوده ام

رای گریز از اینجا پُرسی چرا ندارم؟
راهِ گریزی، ای جان! زین کی کُجا ندارم!
دارم هوای رفتن، امّا نه پای رفتن:
وَ حاصلی به جُز آه از این هوا ندارم.
آمد پَرِ خیال ام بر دوشِ جان وبال ام:
کان نیز حسرت آرَد ، وقتی که پا ندارم.
لافم چرا و چون از رفتن به شرق یا غرب،
یا سوی راست یا چپ، وقتی فضا ندارم؟!
یا چون ز ره نترسم وز گُم شدن به بیراه،
چون همرهی دلیر و راه آشنا ندارم؟!
در میهن است، شاید، کز بطنِ مرگ زاید
آرامشی که من در بیدرکجا ندارم!
کمتر خروشی ازمن گویا رسد به میهن:
امّا چه چاره سازم؟ کآنجا صدا ندارم.
هر روز مُشکلات اش افزون شود، دریغا!
کز بهرِ او کلیدی مُشکل گشا ندارم.

با مرگ زیستن را، خندان گریستن را،
ای مردُمِ ستمکش! جز از شما ندارم!
دور و رها ز هر دین، بوده ست مهرم آیین؛
وَ هیچ کین مگر با اهلِ عبا ندارم.
ای مامِ نازنین ام، فرهنگِ سرزمین ام!
نای تو بوده ام تا این دم که نا ندارم.
ای میهن، ای گرامی! پاکوبِ هر حرامی!
در جنگ با عدوی ات ، از مرگ ابا ندارم.
مانم همان صبور و می میرم از تو دور و
بر هیچ کس، به جز شیخ، هیچ ادعا ندارم.
دلواپس ام که آیا، در دامن ات، پس از مرگ،
گوری به جای دوری دارم و یا ندارم؟!
هرگز بها ندادی شعرِ مرا تو؛ وینک
بهرِ تو ارمغان جُز این بی بها ندارم.

پنجم مهرماه۱۳۹۶،
بیدرکجای لندن

بی زمانگی!

آن عصر می رسد که جهان بی زمان شود:
یعنی هر آنچه هست «همیشه همان*» شود!
دیگر شدن ز طبعِ طبیعت بخیزد و
آید زمانه ای که جهان بی زمان شود!
و گورِ هر چه هست کند هر چه هست را:
ما نای مُرده ای که نمیر نمان شود!
هستی، چنان که هست، زند یخ به جای خویش:
و، گورزار وار، جهان پُرامان شود!
نه ابر رو سیاه کند آفتاب را؛
نه تُندباد مایه ی سیلِ دمان شود!
نز برقِ آسمان رسد آتش به جنگلی؛
نه دود از این بخیزد و بر آسمان شود!
نه گرگ جست وخیز کند درپسِ بُزی؛
نز پیشِ شیر برّه ی آهورمان شود!
هرچ از خیالِ آدمیان بگذرد کنون
خود، زود یا که دیر، همان، بی گمان، شود.

امّا، به رغمِ این همه، نابودنِ زمان
منطق پذیر نیست که ممکن گمان شود.
زیرا که هر خیال که ممکن شود تو را
تنها به بستری ز گذارِ زمان شود.
پس، بدگمان مباش، منا! در نمی رسد
روزی که هر چه هست همیشه همان شود.
با بودنی همیشه همان، پس، خدای شیخ،
با نقضِ خویش، نزدِ خِرَد ، توامان شود.

پنجم مهرماه۱۳۹۶،
بیدرکجای لندن

* «همیشه همان» از واژه های ویژه ی استادم دکتر محمود هومن است، به معنای «دگر(گون)ناشدنی».

شهرِ «امرِ به معروف»!

اینجا، برای آن که بدانند دینِ تو،
هر سو روی، نشسته کسی در کمینِ تو!
اینجاست شهرِ «امرِ به معروف» و نیست کس،
در آن، که او نخست نپرسد ز دینِ تو!
در کوی، بازجوی تو هر روز دیگری ست؛
یا دیگری، به خانه، شود بازبینِ تو!
روزت سیاه می کند آن خرسِ بازبین:
گر جای مُهر نیست سیه بر جبینِ تو!
باید همیشه دور بمانی از آفتاب:
چون سایه ی تو نیز نباشد امینِ تو!
ترسی به خانه نیز که با خویش دم زنی:
تنهاست سایه ی تو وگر همنشینِ تو!
زآن سان بَرَد هراسِ هجوم ات به جان و تن،
کافتد به مرگ لرزه هم آن وهم اینِ تو!
خواهند اگر، به کین، که به بندت کِشند و گور،
بیرون کِشند خنجرِ خود زآستینِ تو!

برگیر دل ز جانِ خود، ای هرکه!یا بمیر:
پیش آید ار که در دل گیرند کینِ تو!
فرقی نمی کند که چه تنگا پناهِ توست:
هر جا روی، به چشم نماید اوینِ تو!
تنها شوی به جان ودل آن سان که، گوییا،
گشته ست خصمِ جانِ تو جان آفرینِ تو!
اعدام می شوی، بنمایی شک ار به دین:
گر نیز بوده است پدر دین گُزینِ تو!
شک می کنی به هرکس وهر چیز در جهان:
تنها به مرگ سُست نگردد یقینِ تو!
بینی که نیست پُشتِ تو بر زین، چنان که بود:
کاینک نهاده اند به پُشتِ تو زینِ تو!
وز بدترینِ آنچه تو را بود پیش از این،
امروز آمده ست بتر بهترینِ تو!
بینی که شاخ پُربَری از باغِ مادری
کآخوندِ هیچکاره شود خوشه چینِ تو!
پی می بری که سخت غریبی به میهن و
بیدرکجای توست همان سرزمینِ تو!
نفرین به اصلِ خویش کنی وآرزو که کاش
در این دیار بسته نمی شد جنینِ تو!

ششم مهرماه۱۳۹۶،
بیدرکجای لندن

برای ندا جانِ عبقری:

۱

جوازِ کامرانی نیست جُز عشق؛
وَ رازِ شادمانی نیست جُز عشق؛
وَ حتّا خود جوانی نیست جُز عشق:
ندا جان! زندگانی نیست جُز عشق.

۲

دهد دل زندگی جان را، نداجان:
چو پیدا کرد جانان را ، ندا جان!
وَ، تا دل سرپناهی دارد از عشق،
نیابد هیچ غم آن را ، ندا جان!

۳

گُزیدی بهرِ خود همسر، ندا جان!
در این اَت، عشق شد رهبر، ندا جان!
از این پس، زندگی تان باد با هم
دمادم خوشتر و خوشتر، ندا جان!

۴
عروسی تان ز شادی باد لبریز:
وز این پس، زندگانی تان دل انگیز!
ببوس از سوی من دامادمان را؛
بگو او بوسدت از سوی من نیز!

ششم اکتبر ۲۰۱۷،
بیدرکجای لندن

انبوهیِ موریانه از جنسِ ملال

۱
«دانش» بُوَد انبانی از آموخته‌ها:
ز آموخته‌ها گُزینه اندوخته‌ها.
وین هاست، به بُرد و باخت، هر یک برگی:
بازنده کند قمار با سوخته‌ها.

۲
می‌گفت که: ـ «زندگی قمار ار باشد،
هر روز ز دیروزش بدتر باشد!»
گفتم: ـ «نه، ولی، اگر به چشمِ خِرَدت
هر باخت و بُردِ تو برابر باشد.»

۳
در زندگی، آنچه بُردن و باختن است،
دریافتِ وام و بازپرداختن است؛
وَ حاصلِ این هر دو، چه شادی و چه غم،
سرگرم، زمان را سپری ساختن است!

۴

آگاه شدن بدانچه بیماری‌ی ماست
سرچشمه‌ی جوشانِ خودآزاری‌ی ماست.
سرگرم شدن ز رنجِ ما می‌کاهد:
کاین گونه‌ای از خواب به بیداری‌ی ماست.

۵

در رزم‌ام با واقع و در بزمِ خیال،
بایاست که سرگرم شوم، در همه حال:
ورنه، ز درون‌ام بتراشند و خورند
انبوهی موریانه از جنسِ ملال!

۶

هستی ست ملال و بس، خیال ار میرد:
این مادرِ هر چه شور و حال، ار میرد.
امّا، به جهانِ آدمی، پندارم
خیزد ز میانِ مرگ، ملال ار میرد!

۷

در پیری‌ی چون منی، بهین سرگرمی
شعر است و خوشا که دارم این سرگرمی!
گر دست دهد، عشق هم، البتّه، خوش است:
شرط آن که نگردد اولین سرگرمی!

هشتم مهرماه ۱۳۹۶،
بیدرکجای لندن

نام‌ام

می‌گر ز کتاب‌ها بشوید نام‌ام،
ارزد به همین کز اوست شیرین کام‌ام.
نام است یکی واژه، چو مُردم، مُردم:
چه حافظ و چه امید و چه خیّام‌ام!

هشتم مهرماه ۱۳۹۶،
بیدرکجای لندن

از چیده گلی

از چیده گلی، فسُرده‌ی او برجاست:
از او، تنِ نیم مُرده‌ی او برجاست:
چون دلبرکی زخمی وتنها، که از او
رُخسارِ اسید خورده‌ی او برجاست.

هشتم مهرماه ۱۳۹۶،
بیدرکجای لندن

خودآگاهی‌ی ناب؟

ره نیست کسی را به خودآگاهی‌ی ناب:
کاین حال نبود ونیست جُز واهی‌ی ناب!
زیرا که به نفیِ «منِ»ما انجامد،
بالاتر اگر رود ز خودخواهی‌ی ناب!

بیست وهشتم آبان۱۳۹۶،
بیدرکجای لندن

فردا چه بسا

فردا چه بسا که دیر خواهد بودن:
ایران همگی کویر خواهد بودن؛
وز بهرِ تمامِ مردمان، ترکِ وطن،
آزاد نه، ناگزیر خواهد بودن.

ششم مهرماه۱۳۹۶،
بیدرکجای لندن

سخن گفتنِ سوسک!

چشگفت که، چون «سوسک سخن می گوید»،
نز رنگِ گیاهی به چمن می گوید،
نز بوی گُلی: بل، از گُزین های خودش،
رنگِ لجن و بوی عفن، می گوید!

هشتم مهرماه ۱۳۹۶،
بیدرکجای لندن

تسکین بخش

آنان که دچارِ دردِ بی درمان اند،
در جُستنِ درمان اش چون در مانند،
اهلِ خِرَدند، اگر به تسکین بخشی
دلخوش، به امیدِ روزِ دیگر مانند.

نهم مهرماه ۱۳۹۶،
بیدرکجای لندن

برای ه.ا.سایه

از عشقِ به شعرِ ناب شاید برسم.
از تشنگی ام به آب شاید برسم.
از سایه به جان فروتنی آموزم:
چون سایه، به آفتاب شاید برسم.

سوم مهرماه ۱۳۹۶،
بیدرکجای لندن

انسان این است!

یک نیمه ی اوست عشق و نیمی کین است؛
بنیانگرِ علم و هنر و آیین است؛
هم اوست دگرگرای و هم خودبین است:
انسان این است، آری، انسان این است!

بیست و چهارم مهر ۱۳۹۶،
بیدرکجای لندن

انتخابات در فرمانفرمایی ی آخوندی

نگاه کن
که گرگ و کرکس و کفتار،
به گِردِ لاشه ی آهوی تازه کُشته شده،
چنان به جانِ هم افتاده اند،
که آشکار است،
برای بیشترین سهم را به دست آوردن،
برای کُشتنِ یکدیگر نیز آماده اند!
در این میان،
شکارهای زنده ی جنگل را می بینی؟
نگاه کن
که با چه مایه ای از دلشوره و امید،
و با هراس ولی از نزدیک،
در صحنه ی جدال می نگرند؟!
وَ با چه مایه ای از شور و شیفتگی،
برای دیدنِ پایانِ کار منتظرند؟!
چنان که گویی فرقی خواهد کرد

کز این گروهکِ درّندگان

کدام یک،

و با چه ترفند،

یا کدام شگرد،

رسد به پیروزی

در این نبرد!

اول خرداد ۱۳۹۶، بیدرکجای لندن

این کیست؟!

این کیست،
با ژاژها که می خایَد؟!
و آیا به راستی
آقا همینی ست
که می نماید؟!
و چیست کار و بارش،
با آن عبای مُضحک و دستارِ خنده دارش؟!

هفدهم اردیبهشت ۱۳۹۶،
بیدرکجای لندن

در ستایشِ «ابی»

چنان خوش است و چنان دلنشین صدای «ابی»،
که نیست دل که در آن نیست جا برای «ابی».
ز همنوایی ی آهنگ بی نیازش دان:
که بافه ای ست ز شور و نوا صدای «ابی».
صدای گُم شده ی خود به گوش مان آید،
چو بشنویم صدای دل‌آشنای «ابی».
سزد اگر که ببالد به خود ترانه، از آنک
فزوده رنگ و جلای اش ز نغمه های «ابی».
چنان که آینه سازد دوتای چهره ی خوب،
صفای شعر دو چندان کند صفای «ابی».
غنیمتی ست، در این روزگارِ کینه و قهر،
صدای عشق شنیدن گهی ز نای «ابی».
دوای ماست، چو دلتنگِ مرز و بومِ خودیم،
ترانه های دل انگیز و دلگشای «ابی».
نویدِ شادی ی آینده است آنچه، ز دور،
به مردُمان رسد از چهچهِ رسای «ابی».

«غنا» شمارَد و نپذیردش فقیه، آری،
غنای موسقی ی ما بُوَد «غنا»ی «ابی».
چو از شریعتِ خُنیاستیز وابرهیم،
به صدرِ مجلسِ خنیاگری ست جای «ابی».
خوشا دمی که بنوشم به مرگِ نوحه گری
وَ شادی ی هنرِ زندگی گرای «ابی».

چهاردهم اردیبهشت ۱۳۹۶،
بیدرکجای لندن

آزمونِ غم

از چیست که، در جهانِ ما، غم باشد؟
به نیست که دل همیشه خُرَّم باشد؟
نه، نع! بنگر که درکِ شادی هم هست:
تنها اگر آزمونِ غم هم باشد!

هشتم مرداد ۱۳۹۷،
بیدرکجای لندن

هُشدار!

غفلت زده بودیم و نکال آمد پیش:
همراهِ دروغ، خشکسال آمد پیش!

دوازدهم مرداد ۱۳۹۷،
بیدرکجای لندن

از دو سوی عشق

برای سبولی

عشق است و گه تو را به سوی یار می برد؛
گاهی، دمان، به پهنه ی پیکار می برد.
در هر دوسوی، عشق امیدی ست پُرتوان:
تا در رسی به کام...ولی کار می برد!
عشق ات به یار گاه به کندویی از عسل،
گاهی به زهر چاله ای از مار می برد.
عشق ات به آرمان هم گه تا رهایی و
گه نیز یکسرت به سوی دار می برد!
عشق است، شورِ زندگی و مرگِ آدمی،
کاو را که برگزیند، ناچار می برد.
عشق است و رهروانِ سراندازِ خویش را
بر راه های درهم و دشوار می بَرَد:
آسان، چنان که مادری اطفالِ خویش را
بر دشت های خُرّم و هموار می برد.

عشق است و، با کشانه ی خوشبینی و امید،
ما را به ورطه های پُرآزار می برد.
عشق است و، شاد وآزاد از هرچه ها که هست،
چون داردت به خویش گرفتار، می برد.
عشق است دُزدِ شادی از انباره ی شکنج:
وز رنج وگنج کم نه، که بسیار می برد.
عشق است و، گر ز مرگ نترسیم، از دوسوی
ما را به زندگانی ی سرشار می برد.

بیست وهشتم آبان ۱۳۹۶،
بیدرکجای لندن

خودآگاهی‌ی ناب؟

ره نیست کسی را به خودآگاهی‌ی ناب:
کاین حال نبود ونیست جُز واهی‌ی ناب!
زیرا که به نفیِ «منِ» ما انجامد،
بالاتر اگر رود ز خودخواهی‌ی ناب!

بیست وهشتم آبان ۱۳۹۶،
بیدرکجای لندن

در پیری‌ی چون منی!

در پیری‌ی چون منی ،بهین سرگرمی
شعر است و خوشا که دارم این سرگرمی!
گر دست دهد، عشق هم، البتّه ،خوش است:
شرط آن که نگردد اوّلین سرگرمی!

نهم مهر ۱۳۹۶،
بیدرکجای لندن

چکامه‌ی نهادِ ولایت

زمین لرزه‌ی کرمانشاه (۲)

هم میهنا! فقیه برای ات چه می کند؟!
این خرمگس به سور وعزای ات چه می کند؟!
بی شرم تر به غارت ویغما شود: جُز این،
در پاسخِ شکیب و حیای ات چه می کند؟!
از نان وکار ومسکن وحق در گذر، ببین
سَمّ دم اش به آب وهوای ات چه می کند؟!
جُز سَمّ و تیغ و سوزن دادن به خوردشان،
او با سگانِ مزرعه پای ات چه می کند؟!
دُزد است پاسبانِ تو، در فقرِ خود نگر:
وز خود بپُرس کاو به سرای ات چه می کند؟!
از ترسِ توست، گرچه نگوید! از او بپُرس:
ـ«خنجر در آستینِ عبای ات چه می کند؟!»
کوری مگر؟! بپُرس و ببین خود که این دغل،
در کارها، به غیرِ دغای ات چه می کند؟!

پاییدن ات به کوی و خیابان بسنده نیست؟!
دیگر به خوابگاه و خلای ات چه می کند؟!
چون می کند اشاره به سرکوبِ خشمِ تو،
فوجِ بسیجِ بی سر و پای ات چه می کند؟!
همچون خدای خود، همه جا حاضر است او:
بنگر، ببین که او به کُجای ات چه می کند!
هنگامِ انتخابِ نماینده ی تو، این
دُزدِ پلید برگه ی رای ات چه می کند؟!
تنها به جُرمِ گفتنِ «پس، رای من کجاست؟!»
با جانِ دخترِ تو، «ندا»ی ات، چه می کند؟!
غیر از تباه کردنِ جان و جهانِ او،
با نوجوانِ دادگرای ات چه می کند؟!
با هر جوانِ حق طلبی کاو، به اعتراض،
گردد بلندگوی صدای ات چه می کند؟!
با ذهنِ کودکانِ نوآموز، دانی این
آموزگارِ مکر و ریای ات چه می کند؟!
جُز خفته ای به کهفِ خرافاتِ دینِ جهل،
در این خجسته عصرِ فضای ات چه می کند؟!
او شاهشیخ و بوم و برت زلزله زده ست:
بنگر که در هجومِ بلای ات چه می کند:

جُز چند روضه خوانِ دعاگویِ خویش را
راهی، برای درد، دوای ات چه می کند؟!
دارو مخواه ازش، که ندارد! بمان و بین،
غیر از دعا، برای شفای ات چه می کند!
گوید بقای توست همان در فنای تو:
پُرسی ش اگر برای بقای ات چه می کند!
جُز این که گویدت که کمی کمترک بخواه،
با کمترینِ خواسته های ات چه می کند؟!
گوید:ـ«خدا به زلزله می آزمایدت»:
پس، بر زمین، نهادِ ولایت چه می کند!
از نیش و وِزوِزش نرسد آگهی تو را
کاین پیکِ مرگ بهرِ فنای ات چه می کند!
ترسم که دیر پی ببری، ای شکیب ورز!
کاین پشّه ی شریرِ وبای ات چه می کند!
از شیخ بگذریم؛ بگو کز برای تو
پیغمبرت، امام، خدای ات چه می کند؟!
از این سِگانه، با تو، کدامین، به راهِ دین،
جُز داشتن همیشه فدای ات، چه می کند؟!
دینِ جهاد، جُز که جفا می کند به تو
وز بهرِ غیرِ عینِ جفای ات، چه می کند؟!

خو کرده ای بدان و نمی آیدت شگفت
کاین کُندِ بیدخورده به پای ات چه می کند!
این سایه ی تو نیست که می آید از پی ات:
بنگر که کیست و به قفای ات چه می کند؟!
دیوی ست بدلقای وتو مفتون اشی!مگر،
جُز جهل وفقر ومرگ، عطای ات چه می کند؟!
این خوی خامُشی بشکن، یک نفس بپُرس
کاین دشنه ی برهنه به نای ات چه می کند؟!

بیست ونهم آبان ۱۳۹۶،
بیدرکجای لندن

زلزله‌ی کرمانشاهان

۱

چه چیز از شهرِ کرمانشاه مانده ست؟
زآب اشگ، از هوای اش آه مانده ست.
خمینی را نبیند کس بر آن، لیک
همین بر آسمان اش ماه مانده ست.

۲

به گردِ ماه، سرما بسته هاله:
شکسته عکسِ او در آبچاله.
کنارِ آبچاله ایستاده ست
هراسان کودکی شش هفت ساله.

۳

نشسته پیرزن، طفلی کنارش:
بسا کز خانواده ش یادگارش.
زند بر سر، کَنَد گیسو، به زاری؛
وَ بشکافد هوا را با هوارش.

۴

در اینجا، هر کسی، چه زن، چه مرد است،
رُخ اش زرد و دل اش انبانِ درد است.
«امید»، ار بود همراه ام، می افزود:
ـ«هوا هم ناجوانمردانه سرد است!»

۵

رود آهسته، چشمان اش فسُرده،
جبین از چیزِ تیزی چاک خورده:
وَ، در آغوش، تنگِ هم، فشُرده
دو کودک، هر دو دختر، هر دو مُرده.

۶

زمین لرزی که، در این کاگِل آباد،
به جانِ مردُمِ بیچاره افتاد،
به جا بنهاده بندی رختِ شُسته:
که یک یک را نوازد، با پَرَش، باد.

۷

ـ: «فقط من مانده ام!» فریاد می زد:
وَ هر سو می دوید و داد می زد.
نسیمِ مهربانی، در شبِ سرد،
جبینِ خیسِ او را باد می زد.

۸
بر آواری، زنِ خوش چهره ای کاو
فروافتاده سربندش ز گیسو،
کَنَد موی و خراشد روی و موید:
ـ«پسر کو؟! دخترم کو؟! شوهرم کو؟!»

۹
نک، آخوندِ جوانی، پیکِ رهبر:
پیامِ او ز رهبر نهیِ منکر.
زنِ نو بیوه را گوید، به پرخاش:
ـ«حجاب ات را مراقب باش، خواهر!»

۱۰
چراغِ ماه روشن، نورش آبی:
به زیرِ آن، خرابی در خرابی.
از او پرسم؛ ـ«چرا؟!» آخوند گوید:
ـ«گناهِ بدحجابی! بدحجابی!»

۱۱
در اینجا، هر کسی آماجِ درد است:
تن اش آسیب دیده، چهره زرد است.
خدا گر بود و این گر کارِ او بود،
پشیمان می شد از کاری که کرده ست!

بیست و هشتم آبانِ ۱۳۹۶، بیدرکجای لندن

پاسرودی در سرودن

۱
تو را!ـ شاعر!ـ اگر هر واژه رام است،
بدان! کابهام ز آفاتِ کلام است:
ولی، همواره نه! تنها به گاهی
که آماجِ سخن مان فهمِ عام است.

۲
چو خود خواهم که دردم را بدانید،
دُرُست آن دم که شعرم را بخوانید،
نگویم ساده را پیچیده چندان
که در معنای آن حیران بمانید!*

۳
زبان می بود اگر آماده تر زین،
وَ شعرم نیز صیقل داده تر زین،
یقین دان ساده تر می گفتم این شعر:
اگر می شد بگویم ساده تر زین!

بیست و نهم آبان ۱۳۹۶،
بیدرکجای لندن

*عبیدِ زاکانی یادباد!

غزلواره

یادِ رکسانا

ـ:«نه،نع!به هیچ روی!
دریای ما قرار نبود که رودی شود:
کآن نیز،
در گریز از خویش،
رو سوی ریگزار شتابان رَوَد به پیش!

ما،عشق مان
جُفتی نهنگ بود:
جُفتی نهنگ،که در دریا نیز،
جاشان،چو دل هاشان،
پیوسته تنگ بود.

امّا نشد که دریامان
در خود بگُسترد،
بشود اقیانوس.»

افسوس!

کی بوده بود
که آن نهنگِ تنها جُفتی می داشت؟
آیا
او را هماره با خویش
در خواب دیده بود؟
روشن نبود این.
شاید نیز
جُفت اش
جُز او نبوده بود:
شاید،
با دیدگانِ رؤیابین اش،
تا دیده بود،
خود را درونِ آینه ی آب دیده بود؟

افسوس!
انگار
بیدارگشته بود
از خوابی آفتابی:
و دیده بود
رودی ز خود گریزان است

آن هر چه ی شگفت که در خواب می نمود
گُسترده با شکوهی سبزآبی.

افسوس!
اکنون که رودِ عشق را
در چالِ ایست،
آبگیرکِ کاهنده ای می دید،
با خود می اندیشید
کانگار
باید که پیشاپیش
آن را به خاک رفته بگیرد:
تا آن که ناگهان
خود را در آفتابِ عطش
بر ریگ های تفته نیابد:
چندین وچند دوزخ
زآن پیشتر که زار بمیرد!

امّا چه گونه؟!
با خود گفت:
ـ:«نه،نع!به هیچ روی،
کاری نمی توان کرد:
وقتی که با شکوه ترین پهنآب

تنگابِ از هراس رو به گریزی می گردد:
زآن پس که،
در عبور از تنگه ی بی عاطفه ای
از سازگارگشتن با ناگزیر،
حتّا نهنگ نیز ماهی ی ریزی می گردد!
آری، به هیچ روی،
کاری نمی توان کرد!»

ودید
بیهوده است زارزدن نیز،
زیرِ حُباب های تُنُک آبی
که با شتاب دارد
در ریگزارِ تشنه فرو می رود؛
و خُردتر شونده ماهیک اش نیز
دارد به ناگزیر همرهِ او می رود.

چهاردهم مهر ۱۳۹۶،
بیدرکجای لندن

پیری شرری فکند

پیری شرری فکند در پیکرِ ما:
آتش زد و سوزاند ز پا تا سرِ ما.
گفتیم که، پس، به خاکِ خود باز آییم:
باد آمد و بُرد مُشتِ خاکسترِ ما!

نهم مهر ۱۳۹۶،
بیدرکجای لندن

مسجدها همه!

تا مسجدها همه دبستان نشود،
آموزش و پرورش به سامان نشود:
لیک، این شدنی مگیر، تا سایه ی شیخ
کم از سرِ مردُمانِ ایران نشود!

نهم مهر ۱۳۹۶،
بیدرکجای لندن

فرداست که خلق اراده ای خواهد داشت

فرداست که خلق اراده ای خواهد داشت:
هر خانه بساطِ باده ای خواهد داشت.
شیخا! چه پزی خیالِ روزی که، در آن،
هر کوی امام زاده ای خواهد داشت؟!

نهم مهر ۱۳۹۶،
بیدرکجای لندن

بیداد

نخست، ویران کردند خوابگاه اش را.
سپس، به موشک بستند سرپناه اش را.
سپس، به دام کشیدند و زار کُشتندش:
بی آن که قاضی جویا شود گناه اش را.

دهم مهر ۱۳۹۶،
بیدرکجای لندن

چندین که نفورم ز تو

١
ای شیخ! بدان که دشمنِ دینِ تو ام!
یاسای شرارت است آیینِ تو ام!
چندین که نفورم ز تو، گویی، از من
آن «من» که به جاست نیست جُز کینِ تو ام!

٢
گر آنچه تپد دل است در سینه ی تو،
ای کاش که گردد دمی آیینه ی تو:
تا در نگری به خویش و روشن بینی
کز چیست دل ام چنین پر از کینه ی تو!

٣
هر گاه که نبضِ خویش را گیرم من،
بینم نه چنان به جان و دل پیرم من،
تا تاب نیاورم نظام ات، یعنی
نا دیده بر افتادنِ آن، میرم من!

دهم مهر ۱۳۹۶،
بیدرکجای لندن

از بینایی

۱

برف آمد و، از پس اش، چو مهتاب دمید،
دیدم که به چشمِ خویش نتوانم دید،
نیز از ردِ پاشان، که دوان است به دشت
یک خرسِ سپید از پسِ یک موشِ سپید.

۲

در پرتوِ برف، اگر به خود مغروری
که ت هست توانِ دیدن از هر دوری،
لختی بدرنگ!تا ببینی که فروغ
نیز، ار گذرد ز حد، می آرَد کوری.

۳

هر چند که از دیدنِ بودن دوری،
زیرا ز جهانِ«بود»ها مهجوری،
دیدن همه را به از ندیدن؛ور نیز
بینایی‌ی ماست گونه ای از کوری.

۴

هر جانوری جورِ دگر می بیند:
البتّه، به چشمِ باز، اگر می بیند.
وز هیچ رهی نمی تواند دانست
کاو به زمن و تو یا بَتَر می بیند.

۵

هر چند که از دیده می آید دیدن،
با چشمِ دگر کسی نشاید دیدن:
این است که هیچ گونه از دیدن را
چون دیدنِ دیگران نباید دیدن.

۶

در برف چو شب گشود گیسوی سپید،
موی اش نتوان شناخت از روی سپید.
رو، پُرس ز مرگ یا ز پیری که چرا
زی گورِ سیه می بَرَدَم موی سپید؟!

۷

در برف نگر!نگر به غوغای سپید:
غوغای سپید، در خموشای سپید!
این بار دُرُست است، اگر بسرایم:
کامشب، شبِ من رسد به فردای سپید!

دهم مهر۱۳۹۶ ، بیدرکجای لندن

یادِ خمینی

۱
از هیچگرا خواست نشاید جُز هیچ:
کز هیچ به هستی نفزاید جُز هیچ.
این گونه کسی، چو باز آید به وطن،
او را به زبان هیچ نیاید جُز «هیچ»!

۲
از بهرِ وطن آن که شعارش «هیچ» است،
چشگفت اگر قول و قرارش هیچ است؟!
یا کز وطن اش آنچه بمانَد بر جای،
انجام چو گیرد همه کارش، هیچ است؟!

۳
«رهبر»، چو همه قول و قرارش هیچ است،
جُز مرگ و تباهی، همه کارش هیچ است.
وز بهرِ وطن آنچه گذارد بر جای،
جُز رویه ی زرّینِ مزارش، هیچ است!

۴
خشتی ش دریغ است که بشکسته شود:
ور خلق ز باز دیدن اش خسته شود.
تنها به زمانِ بازسازی، بایاست
کاین موزه ی شومِ شر درش بسته شود!
۵
این موزه، وگر تورا به فریاد آرَد،
بگذار بمانَد و فرا یاد آرَد
فردا همگان را که چه سان دینکاری
از داد سخن گوید و بیداد آرَد.

دهم مهر ۱۳۹۶،
بیدرکجای لندن

زیبای سالخورده‌ی ما

یادِ مهری جانِ کاشانی

از هر که هر چه می شنیدیدی
پیوسته همچنان به شگفت ات می آورد:
چین می فکند باز به پیشانی ات
و ابروان ات را بالاتر می بُرد.
وآنگاه،
لبخندِ مهربانِ تو چشمان ات را تنگ می کرد؛
و پلک های ات
چندان به یکدیگر نزدیک می شدند
که مُژه های ات را
می شد شمُرد.

آرایشی که می کردی،
چین و چروکِ زیرِ چشمان و
گِردِ لبان ات را
پنهان نمی کرد.
و هیچ چیز،
جُز کنجکاو گشتنِ بی جای میهمان،
یا خیره ماندنِ بی مِهرِ او به تصویری از چهره‌ی جوانِ تو بر دیوار،

هرگز تو را
نامهربان نمی کرد.

یگانه می دانستیم ات در پذیرایی:
در میزبانی، دوستی همگانی بودن ات
به ویژه با خودی وناخودی خودمانی بودن ات.

بر گفته های خویش
قهقه می زدی،
طنّازی ی تو در طنزت،
انگار،
بر ما، که میهمان ات بودیم،
سرکانگبینی می نوشاند،
که همچنان گوارا،
تلخای شکرّین اش
تا دیری
در کامِ جانِ ما می ماند.

قهقاهِ دلگشایِ تو،
امّا
دیری نمی پایید؛
وز این که،
همزمان با آن،
دست ات دهان ات را می پوشاند
می شد به آسانی فهمید

کز ناسپید بودنِ دندان های ات
خشنود نیستی.

و قطره ای دُرُشت که بر گونه ات
از اشگ می چکید
روشن نبود
که از فشارِ قهقهه بیرون می ریخت
یا، نه، تو داشتی،
در دل، به حال و روزِ خودت می گریستی!

انگار،
ناگاه، تلخ کرده بود آن دمِ شیرین را
یادآگهی ت باز
از این که در گذشته که بودی
و امروز کیستی!

وین بود
که، در میانِ آن همه مرد و زنِ جوان،
کز میزبانی ی تو آن همه لذّت می بُردند،
تنها غمین تو بودی.
و، گرچه تنهایانی چون من نیز در آنجا بودند،
امّا،
و بی گمان،
تنهاترین تو بودی:
زآن پس که،

تا به یاد می آوردی،
همیشه در مهمانی ها،
زیباترین تو بودی؛
و،تا به یاد می آوردی،
با دست چین گُزینه ای از عاشقانِ خویش،
همیشه،
در عشق،
با عشق
و از برای عشق
می زیستی.

دوازدهم مهر۱۳۹۶،
بیدرکجای لندن

چکامه‌ی دوزخ

نساختِ دوزخِ خود را خدا برای شما:
برای ماست که افروخت اش خدای شما!
و بر همین تلِ خاک، این زمینِ ما، نه در آن
جهانِ دور به نابوده کی کُجای شما!
هزار گُلخن اش از هر شکنجه‌گه سوزان
به یک شرر ز دمِ اژدهای رای شما.
و سوختبارِ هر آن یک به هر زمان نسلی
ز کُشتگانِ یکی خدعه یا دغای شما.
سقر نبودش از آغاز و هفت اشکوبه:
فزوده اند بر آن تک تک انبیای شما.
ولی هر آنچه نیاکان تان بر افزودند
به هر کجاش، چو معمارِ این بنای شما،
نبود ونیست یکی خشت نیز، در سنجش،
ز باز سازیی پیگیر و دمِ فزای شما!
مرا «شما» و «خدا» تان دو نامِ یک چیزید:
مگر خدای شما چیست جُز شمای شما؟!

به جهلِ عام بُوَد اتّکای دوزخِ ما،
و بر نهادِ همین دوزخ اتّکای شما.
چنان که ماهی‌ی دریا درونِ آن زنده ست،
بقای دوزخِ ما آوَرَد بقای شما.
و، همچو خشکی‌ی دریا که مرگِ هر ماهی ست،
فنای دوزخِ ما آوَرَد فنای شما.
به فقه تان، همه پایین تنه ست وبس، کزما
شده ست آینه ی آدمی نمای شما.
منی وشاش و اَن و خونِ حیض را یابیم
رساله های پژوهیده در«شفا»*ی شما!
رساله ی دگری راست رو نویسی تان
پژوهشی «عُلمایی»، به ادّعای شما.
رساله ها همه فهرستی از«توباید»ها:
همه برآمده از رای خودگرای شما.
به هیچ یک، نتوان یافت جُز خرافه وژاژ:
ز چون و چند بگیرید تا چرای شما!
چرا که، گاهِ نوشتن پژوهشِ خود را،
رسد همیشه به نشخوار هر چرای شما!
پزشگِ دینی‌ی اخلاقِ مردُمِ ما اید:
و دردشان بفزاید خود از دوای شما!

وَ، در دگرنگری، بس که بُخل می ورزید،
به جُز شما نبرد ره کسی به «ما»ی شما.
و ناخودی شدنِ هر خودی فرایندی ست
که مُرده ریگ «امام» است و رهنمای شما.
و این روند رود، با پیامدی از کین،
که بر «تو»ی تو بینجامد از «شما»ی شما:
روندِ کینه فزایی که بر می آید از آن
که نیست مؤمنی الّا پسینه تای شما!
ولی چنین نشود: زآن که می رسد زآن پیش
زمانه ای که نباشیم مبتلای شما.
برای گریه، ز کشتارِ ۶۷ به بعد،
کسی نیاز ندارد به کربلای شما.
سیاه تر بشود روزِ ما، اگر ـ وی ـ وای!ـ
بر آفتاب فتد سایه ی عبای شما!
و هیچ غارتی، البتّه، سیرتان نکند:
که چاهِ ویل نمادی ست ز اشتهای شما!
مگر ز مسجدتان روز و شب دری باز است؟
که بوی گَند دهد سر به سر فضای شما!
نباشد از سرِ بی دردی، ار که نخروشیم:
که روزمرّه شده ست این زمان بلای شما!

ولی شکستنِ این روزمرّگی، به یقین،
چو بُمبی است که ترکد به پیشِ پای شما.
زمان همان گذران بود چون نبودید و
زمان همان گذران است تا فرای شما.
بنا شود چو دبستان، فنا شود مسجد:
در این، دُرُست بفرمود پیشوای شما.**
ز «رستخیز» هم آورد او روایتِ خود:
که «محشر» است و «قیامت»، به واژه های شما.
برای دوزخیان محشری ست در پیش و
خوشا به دوزخِ ما رستخیز و...وای شما!
دل ام به حالِ شما سوزد و گزیری نیست:
از این که سورِ من و ما شود عزای شما!

دوازدهم مهر ۱۳۹۶،

بیدرکجای لندن

*بوعلی سینا یاد باد.
**آخوند فضل الله نوری.

داغ

شبنم چو به برگِ لاله ای بنشیند،
شبنم را لاله اشگِ خود می بیند.
امّا، چو خُنُک نسازدش داغ این آب،
آهسته، نسیمِ اشگِ او برچیند.

دوازدهم مهرِ ۱۳۹۶،
بیدرکجای لندن

دو پیشتاز

سرانِ فتنه گران اند، در سیاست ودین،
دو پیشتازِ تباهیگران، به روی زمین:
دوم، شغال وَشی خُدعه گر به نامِ «امام»؛
نخست، روبه واری دغل به نامِ «پوتین»!

هفدهم مهرِ ۱۳۹۶،
بیدرکجای لندن

«دانشِ جهل»!

۱

«علم» است برآیندِ خِرَد ورزیدن:
در پرتوِ آزمونِ حقیقت دیدن.
از جهلِ فقیهِ سودجو باشد «علم»
هر بایدِ خود گزیده را نامیدن.

۲

گوید که، چو چیزی ز پلیدی شویید،
باید که سه بارِ دیگرش آب کشید!
امّا نه چرا دو یا که شش یا نُه بار؟!
باید که دلیلِ بایدش را پُرسید!

۳

گوید که ز مالِ خویشتن «سهمِ امام»
باید که تو پرداخت کنی، در اسلام!
وز «سهمِ امام» نان خورَد شخصِ فقیه:
تا با تو بگوید ز «حلال» وز «حرام»!

۴

گوید چه «حرام»است ونگوید که چرا!
«مکروه»کدام است و نگوید که چرا!
گوید به تو یک پنجمِ مال ات، در فقه،
خود«سهمِ امام» است و نگوید که چرا!

۵

تا یک گله از عوام اهل است او را،
آموزشِ هر چرند سهل است او را:
شیخ است وز«علمِ فقه»لافیدنِ او
چون دم زدن از«دانشِ جهل» است او را!

هفدهم مهر۱۳۹۶،
بیدرکجای لندن

آماده شدن

دلشوره ات از بیمِ به چاه افتادن،
یا در تله در شبِ سیاه افتادن:
سخت است، ولی از این دوهم سخت تر است
آماده شدن بهرِ به راه افتادن.

هفدهم مهر ۱۳۹۶،
بیدرکجای لندن

ستواری‌ی باور

ای آن که، چو خواهند که داور باشی،
در عرصه ی داوری، دلآور باشی!
ستواری‌ی باور ار کند بی رحم ات،
ای کاش که سخت سُست باور باشی!

بیدرکجای لندن
هجدهم مهر ۱۳۹۶،

تنِ هومنِ من

در خاک، تنِ هومنِ من خاک شده ست؛
وز خاطرِ خلقِ یادِ او پاک شده ست.
کو همدلی، آه، تا ببیند به دل ام
غم، غم، خودِ غم چه مایه غمناک شده ست!

هجدهم مهر ۱۳۹۶،
بیدرکجای لندن

آن ماهیَک

آن ماهیَکی که جانِ خود داد ز دست،
بود آن که به پروازِ کبوتر دل بست.
یک بار، چنان مستِ پریدن شده بود،
کز آب برون پرید و برخاک نشست!

هجدهم مهر ۱۳۹۶،
بیدرکجای لندن

آن قهقههِ خامُش!

چون باز کنندم پسِ قرنی مدفن،
تا آتش ام افکنند ازکینه به تن،
زآن قهقهِ خامُش که زند جُمجمه ام،
دانند چه رفته ست به اسلام ز من!

هجدهم مهرِ ۱۳۹۶،
بیدرکجای لندن

«خمینی ایرانی نیست»؟!

می گفت به جد: ـ«خمینی ایرانی نیست:
ایرانی هرگز به گُهرِ جانی نیست!»
گفتم که: ـ«دلیلِ دیگر آور! چیزی
که ش نام بری گوهرِ انسانی نیست.»

هجدهم مهرِ ۱۳۹۶،
بیدرکجای لندن

تاریخ!

جنگی پسِ جنگی پس جنگی پسِ جنگ:
ننگی پسِ ننگی پسِ ننگی پسِ ننگ!
راهی پسِ راهی پسِ راهی پسِ راه:
سنگی پسِ سنگی پسِ سنگی پسِ سنگ!

نوزدهم مهر۱۳۹۶،
بیدرکجای لندن

شکستن

آرامِ جهان به خُرده جنگی شکند.
هرگونه شتاب ات به درنگی شکند.
بنگر که، به ویژه، خوابِ مُردابی را
سرپنجه ی افتادنِ سنگی شکند!

نوزدهم مهر۱۳۹۶،
بیدرکجای لندن

از کشفِ نیوتون

نزدِ نیوتون، ز شاخه چون سیب افتاد،
گردید ز کشفِ خویش دلشاد استاد.
ای کاش که سیب سوی بالا می رفت:
تا علم جهانِ ما نمی داد به باد!

بیستم مهر ۱۳۹۶،
بیدرکجای لندن

ناخودی

آن کس که تو را غیرِ خودی انگارد
هر نیکی ی تو عینِ بدی انگارد؛
ور، چون بره ای، تو سر به راه اش گردی،
هر کرده ی دامی ات ددی انگارد!

بیستم مهر ۱۳۹۶،
بیدرکجای لندن

رای رهایی

تا رای رهاشدن به جان ما را هست،
راهی ست به پیشِ پای ما، تا پا هست.
دشوارترین گام بُوَد گامِ نخست:
امروز نشد، گو نشود، فردا هست.

بیستم مهر ۱۳۹۶،
بیدرکجای لندن

بگذار و برو!

بینی چو زری به راه، بر دار و برو!
دام آیدت ار به چشم، بگذار و برو!
بینی چو، به ویژه، ببندت شیخ از دور،
هر دیده‌ی خود ندیده انگار و برو!

بیستم مهر ۱۳۹۶،
بیدرکجای لندن

جایِ شعر

شعر، ار به جهان داشته باشد جایی،
جایی ست بلندتر ز هر بالایی:
کز گوهرِ زیبایی و خوش داشتن است،
بخشد به جهانِ ما اگر معنایی.

بیستم مهرِ ۱۳۹۶،
بیدرکجای لندن

شعرِ ناب

شب گر شکند به نورِ شبتابی چند،
یا سوزِ عطش به قطره ی آبی چند،
شعرِ تو به شعرِ ناب نزدیک شود:
با واژه و انگاره ی کمیابی چند!

بیست ویکم مهرِ ۱۳۹۶،
بیدرکجای لندن

ای عشق!

«ای که دست ات می رسد! کاری بکن:
پیش از آن کز تو نیاید هیچ کار.»
سعدی

ای عشق! به راهِ ما گذاری نکنی:
یاد از دِلکِ امیدواری نکنی!
زآن پیش که بر نیاید از ما کاری،
دست ات رسد، و- دریغ!- کاری نکنی!

بیستم مهر۱۳۹۶،
بیدرکجای لندن

ای روشنی‌ی پگاه!

ای روشنی‌ی پگاه! امروزت خوش!
زیبایی‌ی شادابِ دل افروزت خوش!
هر چند ستارگان رمند از هُرم اش،
آن آتشِ پُرشرارِ شب سوزت خوش!

بیست ویکم مهر ۱۳۹۶،
بیدرکجای لندن

روزِ آفتابی

روز ار چه سراسر آفتابی باشد،
و سربه سر آسمان اش آبی باشد،
چون شاد شوی؟ چون که خبرها همگی
از غارت و کُشتار و خرابی باشد!

بیست ویکم مهر ۱۳۹۶،
بیدرکجای لندن

از بیم و امید

این ویژگی بشر بُوَد کاو، تا هست،
همواره دل اش ز امید و بیم آکنده ست.
بادا که دل ات رهاند ازبیم امید :
هرگاه که بیم ات افکند لرزه به دست!

بیست و دوم مهر ۱۳۹۶،
بیدرکجای لندن

ای همره ِ من!

ای همره ِ من! بیا، بیا تا برویم:
جایی که کسی نرفته، آنجا برویم.
از هر چه که ناشناخته ست ار ترسند
مردُم، بگذارشان: بیا ما برویم.

بیست و دوم مهر ۱۳۹۶،
بیدرکجای لندن

روزی

روزی، همه هر کس به خودش می آید:
وین یعنی رهبرِ خِرَدش می آید.
بیند که نفور است ز دستار و عبا؛
وز ریختِ آخوند بدش می آید.

بیست ودوم مهر ۱۳۹۶،
بیدرکجای لندن

قمه زن

می رفت به راه، چون بُزی از رمه ای.
بر فرقِ پسر کوفت به ناگه قمه ای!
طفلک چو در آغوش اش گریان شاشید،
دیدم که پدرداد به دست اش ممه ای!

بیست وسوم مهر ۱۳۹۶،
بیدرکجای لندن

ای بی خِرَدان!

ای بی خِرَدان! شما نه از جنسِ من اید!
گیرم که مرا، ز بختِ بد، هموطن اید!
پرواز کند بشر به مرّیخ و شما
درگیرِ نفاس ومنی و شاش و اَن اید!

بیست وسوم مهر ۱۳۹۶،
بیدرکجای لندن

جهل

او گوشِ کر و دیده ی کوری دارد؛
نه ذوق، نه وجدان، نه شعوری دارد.
می بود یکی کرگدن، ار تن می داشت:
جهل است و شگفتا که چه زوری دارد!

بیست وسوم مهر ۱۳۹۶،
بیدرکجای لن

آثار منتشر شده از اسماعیل خویی

شعر

- بی‌تاب، انتشارات نادری، مشهد، ۱۳۳۵
- بر خنگ راهوار زمین، انتشارات توس، تهران، ۱۳۴۶ ـ چاپ چهارم، جیبی، تهران، ۱۳۵۷
- بر بام گردباد، انتشارات رز، تهران، ۱۳۴۹ ـ چاپ سوم، جیبی، تهران، ۱۳۵۷
- زان رهروان دریا، انتشارات رز، تهران، ۱۳۴۹ ـ چاپ سوم، جیبی، تهران، ۱۳۵۷
- از صدای سخن عشق، انتشارات رز، تهران، ۱۳۴۹ ـ چاپ سوم، جیبی، تهران، ۱۳۵۷
- فراتر از شب اکنونیان، انتشارات رز، تهران، ۱۳۵۰ ـ چاپ دوم، جاویدان، تهران، ۱۳۵۷
- بر ساحل نشستن و هستن، انتشارات رز، تهران، ۱۳۵۲ ـ چاپ دوم، جیبی، تهران، ۱۳۵۷
- ما بودگان، انتشارات جیبی، تهران، ۱۳۵۷
- کابوس خون سرشته‌ی بیداران، انتشارات شما، لندن، ۱۳۶۳
- در نابهنگام، انتشارات شما، لندن، ۱۳۶۳
- زیرا زمین زمین است، انتشارات شما، لندن، ۱۳۶۳
- در خوابی از هماره‌ی هیچ، انتشارات کانون فرهنگی نیما، لس آنجلس، ۱۳۶۷ ـ چاپ دوم، پیام، لندن، ۱۳۶۷
- گزاره‌ی هزاره، لندن، ۱۳۷۰ ـ چاپ سوم، شرکت کتاب، لس آنجلس، ۱۳۷۸
- از فراز و فرود جان و جهان، انتشارات گستره، فرانکفورت، ۱۳۷۰

- کارنامه اسماعیل خویی، کتاب نخست، باران، استکهلم، ۱۳۷۰
- نگاههای پریشان به نظم، انتشارات لندن، ۱۳۷۲
- کارنامه اسماعیل خویی، کتاب دوم، باران، استکهلم، ۱۳۷۵
- یک تکه ام آسمان آبی بفرست، انتشارات ارس، لندن ــ چاپ سوم، شرکت کتاب، لس آنجلس، ۱۳۷۸
- غزل قصیده‌ی آغوش عشق و چهره‌ی زیبای مرگ، نشر ویژه‌ی شعر، لندن، ۱۳۷۶ ــ چاپ سوم، شرکت کتاب، لس آنجلس، ۱۳۷۸
- از میهن آن چه در چمدان دارم، انتشارات نشر کتاب، لس آنجلس، ۱۳۷۶، چاپ دوم، نشر کتاب، لس آنجلس، ۱۳۷۸
- غزل قصیده‌ی «من» های من، انتشارات افرا، تورنتو، ۱۳۷۷
- غزل قصیده‌ی آغوش عشق و چهره‌ی زیبای مرگ و غزل قصیده‌ی «من»های من ــ چاپ دوم در یک دفتر، انتشارات هومن، لس آنجلس، ۱۳۷۸
- نهنگ در صحرا (بیستمین دفتر شعر)، نشر هومن، لس آنجلس، ۱۳۷۸
- پژواک جان سرود دل آئینگان، انتشارات گردون، آلمان، ۱۳۷۸ ــ چاپ دوم، نشر کتاب، لس آنجلس، ۱۳۷۸
- شاعر خلقم، دهن میهنم، انتشارات هومن، لندن، ۱۳۷۸، چاپ دوم، نشر کتاب، لس آنجلس، ۱۳۷۸
- جهان دیگری می آفرینم، انتشارات آرش، استکهلم، ۱۳۷۹
- عشق این خِردِ برتر، انتشارات یوتاچ، آستین، ۱۳۷۹
- تا انفجار گریه، انتشارات یوتاچ، آستین، ۱۳۷۹
- Voice of Exile. Omega Publication. Atlanta, 2002
- مجموعه‌ی چهار دفتر (کیهان درد، سنگ بر یخ، از بام آه، جانانه‌ی شعر و جان زیبایی) ــ در یک کتاب، انتشارات بنیاد اسماعیل خویی، آتلانتا، ۱۳۸۲
- کارنامه اسماعیل خویی، کتاب پنجم، بنیاد خویی، آمریکا، ۱۳۸۲

- مجموعه چهار دفتر از کهن سروده ها، (عشق این خرد برتر، یک تکه ام آسمان آبی بفرست، جهان تازه یی می آفرینم، شاعر خلقم، دهن میهنم)_ در یک کتاب، انتشارات بنیاد اسماعیل خویی، آتلانتا، ۱۳۸۳
- قهقاه ناشنیدنی مرگ و ولایت شهشیخ «دو دفتر»، لندن، پرینت تودی، ۱۳۹۰
- من با منِ من بگو مگویی دارم، نشر اچانداس، لندن، ۱۳۹۵
- آژیر شعر، نشر اچانداس، لندن، ۱۳۹۵
- جان و جهان شعر، نشر اچ انداس، لندن، ۱۳۹۵ |
- این خشم رو به هاری‌ست، نشر اچانداس، لندن، ۱۳۹۵
- از پشت عینکی که امید است، نشر اچانداس، لندن، ۱۳۹۵
- در همین جا رستخیزی نیز هست، نشر اچانداس، لندن، ۱۳۹۵
- با زور کور کرگدنی، آه، ندانستن، نشر اچ انداس، لندن، ۱۳۹۵
- چرخه‌ی رنج، نشر اچاند. اس، لندن، ۱۳۹۵
- دریغ، مادَرک ام!، نشر اچانداس، لندن، ۱۳۹۵
- با تیشه‌ی صداخفه کن دار، نشر اچانداس، لندن، ۱۳۹۵
- هنوز در چمدان ام چه دارم از میهن؟، نشر اچانداس، لندن، ۱۳۹۵
- عرب زده ست «انیران» به چشم من، نه عرب، نشر اچ انداس، لندن، ۱۳۹۵
- چنگ های خرچنگی، نشر اچانداس، لندن، ۱۳۹۵
- ناهمجهانی، نشر اچ انداس، لندن، ۱۳۹۵ |
- با خون و با جنون اش، نشر اچ اند اس، لندن، ۱۳۹۵
- سرگرم کار مرگیدن، نشر اچ اند اس، لندن، ۱۳۹۵
- و بی کیشی‌ام کیش بس!، نشر اچ اند اس، لندن، ۱۳۹۵
- غبارروبی از آینه‌ی خِرَد، نشر اچ اند اس، لندن، ۱۳۹۵
- همکاسگان مرگ، نشر اچ اند اس، لندن، ۱۳۹۵
- نهنگ در آبگیر، نشر اچ اند اس، لندن، ۱۳۹۵
- در بی غرورستان، نشر اچ اند اس، لندن، ۱۳۹۶
- در برزخ پناهجویان، نشر اچ اند اس، لندن، ۱۳۹۶

- خوشا کز خشم سرشاری، نشر اچ اند اس، لندن، ۱۳۹۶
- Voice of Exile. The Zagros Publishers, 2nd Ed. Atlanta, 2020
- What-Is Shall Be What-Is-Not, Rubaiyat, The Zagros Publishers, Atlanta, 2020
- میانِ دیدن و وا دیدن، انتشارات زاگرُس، آتلانتا، ۱۳۹۹
- شکارچی‌ی پیر، انتشارات زاگرُس، آتلانتا، ۱۳۹۹
- گناه و پادافراه، انتشارات زاگرُس، آتلانتا، ۱۳۹۹
- از چیده گُلی، انتشارات زاگرُس، آتلانتا، ۱۳۹۹
- انسان این است، انتشارات زاگرُس، آتلانتا، ۱۳۹۹
- همیشه نوشی، انتشارات زاگرُس، آتلانتا، ۱۳۹۹
- نگاه کن به همین بامداد!، انتشارات زاگرُس، آتلانتا، ۱۳۹۹
- واژه‌گر، انتشارات زاگرُس، آتلانتا، ۱۳۹۹
- در زیجِ آرزو، انتشارات زاگرُس، آتلانتا، ۱۳۹۹
- هنوز من هستم، انتشارات زاگرُس، آتلانتا، ۱۳۹۹
- ای شعر ببخشای، انتشارات زاگرُس، آتلانتا، ۱۳۹۹
- در انتهای بودن، انتشارات زاگرُس، آتلانتا، ۱۳۹۹
- شاعر چه می‌کُند، انتشارات زاگرُس، آتلانتا، ۱۳۹۹
- چِل سال رفت، انتشارات زاگرُس، آتلانتا، ۱۳۹۹
- دیر نمی شود، دل ام!، انتشارات زاگرُس، آتلانتا، ۱۳۹۹

نوشته‌ها

- حافظ (ویراسته‌ی دو کتاب از محمود هومن)، انتشارات توس، تهران، ۱۳۴۷ ـ چاپ چهارم، جیبی، تهران
- جدال با مدعی، سپهر، تهران، ۱۳۵۰ ـ چاپ دوم، انتشارات جاویدان، تهران، ۱۳۵۷
- از شعر گفتن، انتشارات سپهر، تهران، ۱۳۵۰

- شعر چیست ؟ (بحثی با دکتر محمود هومن)، انتشارات امیر کبیر، تهران، ۱۳۵۵ ـ چاپ دوم، امیر کبیر، تهران ـ چاپ سوم، انتشارات نگاه، تهران ۱۳۸۴
- آزادی، حق و عدالت (مناظره با دکتر احسان نراقی)، انتشارات سپهر، تهران، ۱۳۵۶ ـ چاپ دوم، جیبی، تهران، ۱۳۵۷
- شناخت نامه، اردشیر محصص، انتشارات جیبی، تهران، ۱۳۵۷

ترجمه

- در پوست شیر (از : شون اوکیسی) انتشارات رز، تهران، ۱۳۵۰ ـ چاپ سوم، امیرکبیر، تهران، ۱۳۵۷
- چنین گفت زرتشت (از: نیچه، با داریوش آشوری)، انتشارات زمان، تهران، ۱۳۵۲
- هارون و دریای قصه‌ها، (از: سلمان رشدی، ترجمه‌ی شعرها، (سینا سلیمی)، کتاب نخست، باران، استکهلم، ۱۳۷۰

کارنامه

- کارنامه اسماعیل خویی، شعر، کتاب نخست، باران، استکهلم، ۱۳۷۰
- کارنامه اسماعیل خویی، شعر، کتاب دوم، باران، استکهلم، ۱۳۷۵
- کارنامه اسماعیل خویی، شعر، کتاب پنجم، بنیاد خویی، آمریکا، ۱۳۸۲

سی‌دی و نوار

- در اوج خسته شدن، نوار، با موسیقیِ شهریار صالح، واشنگتن دی‌سی، ۱۳۶۶
- شعرخوانی در برلین، دو نوار
- شعرخوانی در لس آنجلس، دو نوار
- آماده می‌شوم، سی‌دی، لس آنجلس، ۱۳۷۹
- بیدرکجا، سی‌دی، لس آنجلس، ۱۳۷۹
- گزاره‌ی هزاره، سی‌دی، آتلانتا، ۱۳۸۰

• نوروزانه، سی‌دی، آتلانتا، ۱۳۸۰
• به من بسپار نگاهت را، آتلانتا، ۱۳۸۹
• عاشقانه، آلمان ۱۳۹۴

گزیده توسط دیگران

• گزینه شعرها، انتشارات سپهر، تهران، ۱۳۵۲ ـ چاپ دوم، جیبی، تهران، ۱۳۵۷
• سیاهکل (گزینه‌ی شعر) انتشارات شما و سازمان دانشجویان ایرانی در انگلستان، اسکاتلند و ولز، هوادار سچفخا، لندن، ۱۳۶۴
• Edges of Poetry (گزیده‌ی شعر ترجمه احمد کریمی حکاک و مایکل بیرد)، Blue Logos Press، لس آنجلس، ۱۹۹۵
• درون دوزخ بیدرکجا برگردان به انگلیسی بهرام بهرامی)، افرا، تورنتو، ۱۳۷۵
• Outlandia (گزیده‌ی شعر ترجمه احمد کریمی حکاک و مایکل بیرد) Nik Publisher، ونکوور، ۱۹۹۹
• Beyond The Horizon (برگردان به انگلیسی دکتر لطفعلی خنجی) انتشارات بنیاد اسماعیل خویی، لندن، ۲۰۰۸
• Am Fenster der Erinnerung, German، کنار پنجره یاد، برگردان به آلمانی دکتر کورت شارف، ۲۰۱۲، Schiler Hans Verlag، آلمان، ۲۰۱۲
• The Rubaiyat of Esmail Khoi ـ برگردان به انگلیسی دکتر لطفعلی خُنجی، نشر اچ اند اِس، لندن، ۱۳۹۴

درباره‌ی اسماعیل خویی

• نقدواره‌یی بر شعر اسماعیل خویی، پرویز اوصیا، انتشارات شما، لندن، ۱۳۶۲
• اندیشه در شعر اسماعیل خویی و خاستگاه اجتماعی آن، ملیحه تیره گل، آمریکا، ۱۳۷۲، چاپ دوم، آمریکا، ۱۳۷۵
• ویژه‌نامه‌ی اسماعیل خویی (نشریه)، به همت علی آیینه، سوئد، ۱۳۷۶

- ویژه‌نامه‌ی اسماعیل خویی (نشریه)، نشریه شهروند، کانادا و آمریکا، ۱۳۸۷
- جانِ دلِ شعر، (نگاهی چند به شعر اسماعیل خویی) ـ گزینه و ویراسته‌ی صمصام کشفی، آمریکا، ۱۳۸۱
- به رسمِ «حقیقت» و «زیبایی»: زندگی و شعر اسماعیل خویی، نویسنده محمود معتقدی، نشر ثالث، تهران، چاپ دوم، ۱۳۹۴

© 2020 ESMAIL KHOI
ALL RIGHTS RESERVED
THE ZAGROS PUBLISHERS
1420 WATERFORD CT.
MARIETTA, GA. 30068, USA
HTTP://WWW.ZAGROS.DIVANPRESS.COM
LTNEJAD@GMAIL.COM
PRINTED IN THE USA
ALL RIGHTS RESERVED. THIS BOOK OR ANY PORTION THEREOF MAY NOT BE REPRODUCED OR USED IN ANY MANNER WHATSOEVER WITHOUT THE EXPRESS WRITTEN PERMISSION OF THE PUBLISHER OR ESMAIL KHOI EXCEPT FOR THE USE OF BRIEF QUOTATIONS IN A BOOK REVIEW OR SCHOLARLY JOURNAL.
THE PAPER USED IN THIS PUBLICATION MAY MEET THE MINIMUM REQUIREMENTS OF THE AMERICAN NATIONAL STANDARD FOR INFORMATION SCIENCES — PERMANENCE OF PAPER FOR PRINTED LIBRARY MATERIALS, ANSI Z39.48–1984.

FIRST EDITION: 18 FEBRUARY 2020
ISBN-13: 978-1-71681-158-6

شعرهای اسماعیل خویی،

در این چاپخش: دفتر سی و یکم

انسان این است

اسماعیل خویی

چاپ اول: انتشارات زاگرس آتلانتا، آمریکا، ۱۳۹۹ خورشیدی

صفحه‌بندی و طرح: لقمان تدین نژاد

FIRST EDITION: THE ZAGROS PUBLISHERS, ATLANTA, USA, 2020
DESIGN: LOEGHMAN T. NEJAD

Ensan In Ast

Collection of Poems

Esmail Khoi